黄埔有故事 1

中小企業能辦大事

黄埔样本

HUANGPU YANGBEN

《中小企业能办大事——黄埔样本》编委会 编

广州新华出版发行集团
广州出版社

图书在版编目（CIP）数据

中小企业能办大事：黄埔样本 /《中小企业能办大事：黄埔样本》编委会编.—广州：广州出版社，2021.1

（黄埔有故事）

ISBN 978-7-5462-3201-0

Ⅰ. ①中… Ⅱ. ①中… Ⅲ. ①区域经济发展—商业环境—研究—广州 ②中小企业—企业发展—商业环境—研究—广州 Ⅳ. ① F127.654 ② F279.243

中国版本图书馆 CIP 数据核字（2021）第 005125 号

书　　名　中小企业能办大事——黄埔样本

ZHONGXIAO QIYE NENG BANDASHI——HUANGPU YANGBEN

出版发行　广州出版社

（地址：广州市天河区天润路 87 号 9 楼、10 楼　邮政编码：510635

网址：www.gzcbs.com.cn）

出 品 人　柳宗慧

责任编辑　蚁燕娟　叶桂莲　刘雅丽

文字编辑　李畅炜

责任校对　李少芳　蒋美秀

装帧设计　广州水石文化发展有限公司

印　　刷　广州市快美印务有限公司

（地址：广州市白云区广从五路 410 号一楼 103 房、二楼、五楼部分

邮政编码：510545）

版　　次　2021 年 1 月第 1 版

印　　次　2021 年 1 月第 1 次

规　　格　787mm × 1092mm　1/16

印　　张　11.75

字　　数　177 千

书　　号　ISBN 978-7-5462-3201-0

定　　价　68.00 元

《中小企业能办大事——黄埔样本》
编辑委员会

《中小企业能办大事——黄埔样本》
编辑部

前言

说起黄埔，人们总是首先联想到黄埔港、黄埔军校等文化符号；而对于广州开发区，人们的印象则是高端智能、日新月异。没错，在黄埔，古韵与新风交融贯通，传统与现代相映成趣：具有千年底蕴的文化滋养历久弥新，乘改革开放的风气之先，展创新发展的腾飞之翼，创造令人惊叹的黄埔奇迹，亦留下了波澜壮阔的黄埔故事。

作为广州实体经济的主战场、科技创新的桥头堡，广州市黄埔区、广州开发区延续了古代海上丝绸之路“夷舟蚁泊，奇观萃焉”的盛况，不仅拥有粤港澳大湾区“湾顶明珠”的优势，多项指数也均居全市乃至全国开发区第一。2019 年，广州市黄埔区实现地区生产总值 3502 亿元，同比增长 8.6%；规模以上工业总产值 7936 亿元，占广州市工业总产值的 41.3%；集聚世界 500 强项目 196 个，上市企业 60 家，综合实力稳居全国经济开发区前三位。

如今，黄埔这片热土已经成为“企业离成功最近的地方”，企业也唱响了“到黄埔去”的时代最强音。“到黄埔去”的口号喊了百年之久，名震中外的黄埔军校为新中国成立建立了不可磨灭的功勋，如今这个口号被赋予了新的时代内涵，注入了新的生命活力，在厂房林立、前沿创新的科技园区中不断回响。广州市黄埔区、广州开发区同时也是山明水秀、祠堂遍布的。依托深厚的文化历史在现代发展道路上走在全国开发区的前列，实现人文景致与现代科技的天然结合，我们认为这或许正是广州市黄埔区、广州开发区独特魅力的所在之处。

从一片滩涂山野之地发展至今，很难想象广州市黄埔区、广州开发区蜕变为财税收入过千亿的“国际创新枢纽、山水生态新城”。除了世界一流的高新技术企业，广州市黄埔区、广州开发区还活跃着大量专精特新的“小巨人”和“冠军企业”。这些中小企业以小体量释放出万钧力，为开发区经济社会的发展做出了卓越贡献。2018 年 10 月，习近平总书记在黄埔区广州科学城深入调研多家企业后不禁发出“中小企业能办大事”的感叹，并提出了“要为民营企业、中小企业发展创造更好条件”的指示——这足以彰显黄埔区中小企业在“能办大事”上的硬核实力与样本成效。

文化是社会生产力的重要因素，是经济增长的重要推动力，也是民族的血脉和城市的灵魂。当前，经济发展越来越依靠科技创新和人才素质的提高，越来越依赖文化软实力，企业也面临全方位的竞争。千年以前，黄埔人用帆影桨声推开了与世界连接的大门；千年之后，黄埔人依然能够抓住发展机遇，在新时代交出傲人的答卷。对于文化工作者而言，我们从黄埔的发展奇迹中看到的不仅是历史的印记，还有那些闪烁在黄埔故事背后珍贵的人文光辉，更深感文化人为大局服务义不容辞的责任与使命。所以，我们要行动起来，真正讲好黄埔中小企业的故事，为讲好中国故事添砖加瓦。

为企业生产服务，为经济发展赋能，提升城市美誉度和影响力，本就是公共文化的应有之义。立足服务区域经济发展和营商环境的改善，我们将“黄埔有故事”打造成文化品牌，作为区域营商环境文化传播的窗口，让公共文化服务走进各类高新技术企业，创新政企合作方式，搭建新型文化交流平台。通过各种形式的品牌建设，黄埔不仅沿着积极正确的方向健康发展，也吸引了更多优质的企业和人才入驻。

为此，我们推出“黄埔有故事”丛书，本书《中小企业能办大事——黄埔样本》则是其中较有分量的一本。尽管自2018年秋季以来，“中小企业能办大事”的说法已经深入人心，众多中小企业都从中受到了极大的鼓舞，但对于什么是“大事”，以及怎么样才算办成了“大事”，目前并没有明晰的诠释，既然习近平总书记“中小企业能办大事”的感叹自黄埔出，那么，对这句话的注解就还应回到黄埔区的中小企业中去挖掘、考察和品味。

本书选取了2018年习近平总书记考察调研的12家中小企业，对它们在企业发展及办大事的角度专门进行了采写，希望通过讲述这些企业在发展历程中展现的亮点和经验，透视黄埔文化对企业发展的影响，对“中小企业能办大事”作出较为科学、系统的注解，从中提供一份可以言说的“黄埔样本”，并期待能推动这一问题得到更为全面和专业的讨论。本书同时总结了这12家中小企业发展的共性与最具含金量的发展心得，形成兼具指导性及实用性的方法论，相信亦能为更多的中小企业在办好大事的意识和行动上提供更多的参考素材。

在本书中，12家企业的故事单独成篇，这些企业在各自的领域都具备一些优势特质，或填补了某个领域的空白，或掌握了某项核心技术，或在全球具备一定的影响力。就我们的理解而言，“中小企业能办大事”的“大事”，至少体现在以下三个层面。

首先，最直接的表现就是中小企业在技术上是领先的，并且它们能够为当地经济带来正向增长。广州市黄埔区、广州开发区中小企业的数量在80%以上，为当地税收和生产总值贡献了重要力量。它们能够自主掌握核心知识产权，为自身的发展抓住机遇和筹码，把握主动权。例如：洁特生物自主研发的

1 cm长的培养支架能够培养出10亿个细胞，这一技术打破了“生物实验室高端耗材”方面国外医药巨头的垄断，为国内生物医学的发展带来了振奋人心的新气象。

其次，中小企业是扎实做好“六稳”工作，全面落实“六保”任务的主力军之一。2020年全国“两会”政府工作报告将“六保”“六稳”作为工作的着力点，占据大部分市场主体，吸纳大部分人员就业，保障社会的有序运转的中小企业在其中发挥的作用不容小觑。例如：明珞装备拥有世界上最短生产周期的全自动化汽车生产线，不仅产业供应链完整、稳定，还带动企业人员素质和生产效率实现了极大地提高。除了稳定经济社会的发展大局，中小企业还能联合起来形成“狼群效应”，通过优势互补紧密合作，共同完善产业链布局，打造核心竞争力。

最后，中小企业为国家和社会带来的改善和便利，有助于实现中华民族伟大复兴的中国梦，也能够使中国在人类命运共同体中发挥更大价值。例如：视源电子在液晶平板上取得的突破，让世界人民都可以享受到液晶电视的清晰和美妙。面对新冠肺炎疫情的严酷考验，中小企业也是靠得住的。作为第三方医检力量的金域医学为全人类的抗疫事业做出了突出贡献，该企业进行了超3000万例的核酸检测，数量达到了全球之最。

一个国家的综合竞争力不仅需要龙头企业“打头阵”，也需要广大中小企业“做后台”。在关键领域以及关键技术上，中小企业“个头小、步子快、志向远”，不仅灵活还有干劲，如果愿 意钻研和深耕，都是大有作为的。当然，“能办大事”的根底除了企业自身优良的运营管理，更离不开广州市黄埔区千年积淀下的文化精髓的影响，以及政府勇闯无人区、勇蹚深水区的魄力和“有求必应、无事不扰”的服务能力。

改革开放的伟大决策使黄埔区继承了千年的通商基因，“敢为人先、务实进取、开放兼容、敬业奉献”的广东精神让黄埔始终披星戴月向前拼搏。黄埔文化内聚人心、外树形象，为调整优化产业结构、增强经济发展后劲和提高中小企业的国际竞争力提供了不竭动力。习近平总书记在广州科学城的考察与感叹将黄埔区的中小企业推到了全国前列，广东省委、省政府和广州市委、市政府的快速响应也为黄埔区的发展进行了科学指引。奇迹的发生绝不在一瞬之间，中小企业在黄埔能办大事是水滴石穿，也是历史积淀下的必然。

珠江浩荡，时代潮涌。三十六载时光飞逝，改革激情却在行动中永续。在全面建成小康社会的收官之年以及“十四五”规划开启之年，我们希望通过这套丛书与社会各界一起，共同探讨科学之道，助力中小企业实现更高质量的发展，发掘其背后的文化内核，引导更多的中小企业活下去、站起来、跑出门。为我国经济发展做好服务，打造全球企业投资首选地和最佳发展地，不断提升优化营商环境，让更多人因黄埔故事而受益，我们继续努力！

编者

2020 年 9 月

目录

CONTENTS

“中小企业能办大事”发展概述

金秋十月，一个收获硕果与孕育希望的季节。

时针回拨。2018 年 10 月 24 日，注定是一个让广州市黄埔区、广州开发区人格外温暖、难以忘怀的日子。时隔十年，习近平总书记再次踏上广州开发区这片改革热土，亲自检阅破茧成蝶、蓄势腾飞的科学城，让黄埔大地充满阳光、激情澎湃。

这一天，更是一个让中小企业人底气十足、永远铭记的日子。“中小企业能办大事！”习近平总书记关于中小企业能办大事的重要论断在黄埔区、广州开发区正式提出。

这既是党中央坚定不移支持中小企业发展的重大宣示，更是推动中小企业走向更加广阔的舞台、实现更大发展的行动指南。

厚望如山，催人奋进。

两年来，黄埔区、广州开发区牢记总书记嘱托，在践行“中小企业能办大事”中打出“组合拳”，中小企业在核心关键技术突破中实现“办大事”，在提升“五六七八九”[①] 中引领全国。

---

① 我国中小企业具有“五六七八九”的典型特征，即贡献了 50% 以上的税收，60% 以上的 GDP，70% 以上的技术创新，80% 以上的城镇劳动就业，90% 以上的企业数量。

高站位——把稳中小企业发展方向

置身历史坐标，方位愈加清晰。

黄埔区、广州开发区提高政治站位，立场坚定，态度坚决，把促进中小企业发展放到粤港澳大湾区战略中去把握、去谋划、去推动，不折不扣地落实好习近平总书记关于中小企业能办大事的重要指示精神。

2018 年 10 月 27 日，黄埔区、广州开发区便迅速召开常委会，研究部署习近平总书记视察广东尤其是我区重要讲话精神，要求全区党员干部把总书记的亲切关怀转化为推动高质量发展的强大动力，继续用好改革开放“关键一招”，充分发挥中小企业作用，加快打造战略性创新平台。

2018 年 11 月 11 日，黄埔区、广州开发区再次召开学习贯彻习近平总书记视察广东重要讲话精神推进会，号召全区上下迅速行动起来，率先把习近平总书记的重要讲话精神落地生根、开花结果，形成生动实践。

2018 年 11 月 13 日，黄埔区、广州开发区正式发布《关于大力支持民营及中小企业发展壮大的若干措施》（以下简称《民营及中小企业 18 条》），重磅推出五大方面 18 条措施，着力解决民营企业、中小企业、小微企业反映突出的痛点难点问题，推动中小企业创造活力充分迸发。

2018 年 11 月 16 日，黄埔区、广州开发区正处级主要领导干部学习贯彻习近平总书记视察广东重要讲话精神专题研讨班开班，强调要念好“质”字经，通过强有力的政策供给，给民营经济插上腾飞的翅膀，真正实现“中小企业能办大事”。

2019 年 2 月 22 日，黄埔区、广州开发区召开科技创新和企业家大会。大会释放一个强烈信号，要牢记习近平总书记“中小企业能办大事”的重托，让创新精神成为最鲜明的品质，让企业家精神成为促进高质量发展的强劲要素。

2019 年 10 月 24 日，总书记视察一周年，黄埔区、广州开发区举行贯彻落实习近平总书记视察广东重要讲话精神座谈会。12 家被考察企业再次聚集在广州开发区科技企业加速器，重温总书记的殷殷嘱托和谆谆教诲，助推中小企业创新发展、做大做强，推动区域发展出新出彩。

恰好同月，《广州高新区（黄埔区）建设科技型民营中小企业发展先行示范区方案》通过广州市委深改委审议，率先提出将广州高新区（黄埔区）打造成为广东省乃至全国科技型民营中小企业发展主力区、标杆区。

…………

围绕贯彻落实习近平总书记关于中小企业能办大事的重要指示精神，黄埔区、广州开发区始终把稳中小企业发展方向，全面实施创新驱动发展战略，区内中小企业得到了快速发展，成为区域高质量发展的重要支撑。

出实招——破解中小企业发展困局

大道至简，实干为要。

把“中小企业能办大事”真正落到实处、落地开花，必须真刀真枪、实弹演习，不能写在纸上、说在嘴上。

黄埔区、广州开发区始终聚焦提升“中小企业能办大事”的能力，坚持用政策创新助力中小企业展翅飞扬，接连推出一个个“办大事”的实招、硬招。

——全方位推出“办大事”政策礼包。率先出台4个“黄金10条”、2个“美玉10条”、1个“IAB专项政策（新一代信息技术、人工智能和生物医药产业政策）”等产业政策，打造“金镶玉”政策体系2.0版。出台“民营及中小企业18条”，统筹300亿元产业投资基金，设立100亿元发展基金，实施中小企业融资300亿元计划，推出全国首支纯专利知识产权证券化产品，破解中小企业融资难融资贵难题。

——全力营造“办大事”创新生态。投入研发资金119亿元，建成华南地区最大科技孵化器集群，形成“创客空间（苗圃）—孵化器—加速器—科技园”的全链条创新生态体系，荣获“中国优秀孵化器集聚区奖”；开展针对中小企业上市培育、专精特新培育和补链、强链工程关键技术攻关，入选瞪羚企业数连续3年位居全国156个国家级高新区第二。

——全心夯实“办大事”人才支撑。出台“海外尖端人才8条”，打响“上管老、下管小”人才服务品牌，广揽海外战略科学家、产业顶尖人才，为中小企业发展充分赋能。全区高层次人才达到1004人，其中院士71人，数量位居广州市各区第一、广东省前列，初步形成了人才引得进、留得住、用得好的优质人才生态圈。

——全面优化“办大事”营商环境。设立北上广深4个特大城市、广东省首个营商环境改革局，成功创建首个省级营商环境改革创新试验区，全力创建国家级营商环境改革创新试验区，获评中国十佳营商环境示范（区）县市，营商环境指数名列219家国家级经济开发区第一，被企业和人才点赞为“离成功最近的地方”。

——全速推行“办大事”政策兑现。设立全省首个政策兑现窗口，建成全国首个限时办结政策兑现系统，13个部门281项兑现事项“一口受理、内部流转、集成服务、限时办结”，兑现时间平均只用10.5个工作日，最短仅8.5个小时，受益企业5000多家，打通了政策落地“最后一公里”。

…………

除此之外，围绕中小企业能办大事，黄埔区、广州开发区勇于探索、敢为人先，还创造了多个“全国第一”“全省第一”。

比如，全国首创知识产权运用和保护综改区，首推政务服务“秒批”清单，首设“区块链+AI（人工智能）”商事服务；全省首推“四十四证合一”，企业开办实现“一天办一键办”，率先实现企业开办无费区……全程为中小企业创新创造“保驾护航”。

办大事——激发中小企业创新创业活力

练好内功，方能无惧风雨。

作为广州发展实体经济的主战场——黄埔区、广州开发区聚集着超过2万家民营及中小企业。据统计，80%以上的规模以上工业企业是民营及中小企业，80% 以上的高新技术企业是民营及中小企业，80% 以上的授权发明专利、技术创新成果和新产品来自民营及中小企业。

中小企业释放出的强大创新活力，已成为全区经济社会发展的“主引擎”和“增长极”。

仅以习近平总书记视察的 12 家企业为例。截至 2019 年底，12 家企业合计实现营业收入 241.7 亿元，同比增长 10.6%；新增专利申请量 242 项，新增授权 104 项，均同比增长 1 倍以上。

更加令人瞩目的是，这些中小企业不仅在规模效益上挑起了大梁，在突破“卡脖子”技术、引领产业升级、抢占市场话语权等方面也办成了大事。

——洁特生物自主研发的 3D 细胞培养支架，在“生物实验室高端耗材”方面打破国外医药巨头的垄断，代表我国实现了“零的突破”。这家深耕生物实验室耗材细分领域的高新技术企业在 2019 年实现产值 2.68 亿元。

——明珞装备国际化业务取得重大进展，创新技术与价值创造逐步被全球高端客户认可，是全球唯一实现数化工厂虚拟制造与工业物联网大数据应用落地的智能制造企业，与全球机器人“四大家族”同台竞争。

——视源电子作为“国家级双创基地”，采用“内生孵化”解决创新“从 1 到 N”的技术和业务布局。2019 年实现产值 197.7 亿元，自主创新的液晶电视主控板卡今年销量占全球总量的 35%。

——禾信仪器成功入选全国第一批专精特新“小巨人”企业，在国内质谱细分领域自主品牌中市场占有率超过 50%，排名全国第一，闯入质谱行业全球排名前十。

——乐源数字自主研发的芯片及操作系统，实现体积超小且成本超低的世界领先指标，与阿里巴巴合作服务数以亿计的世界客户。

——天赐材料拥有同行业中规模较大的研发中心，成为国内主要的锂离子电池材料、个人护理品功能材料生产商之一，形成了研究—技术—应用的产品一体化评价体系。

——麦普数码研发出全球最全型号有机光导鼓制造技术，技术实力位居全球前三，是国内唯一掌握此项技术的公司。

——兴森科技攻克 5G 天线幅相一致性控制技术，成为世界前沿技术领先企业。

…………

实际上，这些只是黄埔区、广州开发区中小企业走上“高精尖”发展路径的一个缩影。

在粤港澳大湾区建设全面发力的契机下，全区一大批“专精特新”的中小企业手握高端核心技术，不断突破技术瓶颈和发展格局，把不起眼的“小产品”做成了全球性的“大市场”，成为领跑新时代的“赛车手”。

探新路——打造中小企业高质量发展典范

新时代，新起点。

黄埔区、广州开发区秉持“快”与“实”的辩证法，坚持质量与效益双轮驱动，坚定不移走中小企业高质量发展道路，率先在全国全力创建“中小企业能办大事”先行先试区。

所谓“快”字，就是先人一步，快人一招，奔跑发展，干出黄埔气势、黄埔速度和黄埔样板。

所谓“实”字，就是要形成以干成事论英雄、以解决实际问题论能力、以高质量产品项目和高水平创新成果论业绩的鲜明导向。

——创建核心关键技术创新先行区。争取国家大科学装置、重要科研机构和交叉科学研究平台在区内布局，加快推动建设人类细胞谱系大科学装置、中科院空天信息研究院太赫兹国家科学中心、国家纳米科学中心、再生医学与健康广东省实验室等重大科技设施，创建中小企业科技引力场。

——创建中小企业融资创新区。建设民营科技型中小企业金融创新服务超市，创建专门服务中小企业的区域性政策银行；建立完善知识产权融资体系，积极推进知识产权证券化试点。

——创建中小企业权益保护先试区。实施民营及中小企业负面清单管理，打造粤港澳大湾区知识产权保护中心，深化知识产权运用和保护综合改革试验，严惩侵犯知识产权违法和不正当竞争行为，打造知识产权授权、确权、维权快速保障体系。

——创建中小企业全球化公共服务实验区。加快争创国家级营商环境改革创新实验区，力争今年营商环境主要指标达到国内一流水平、部分指标达到国际先进水平；到 2022 年，营商环境各项指标排名均达到国际一流水平。

当今世界正经历百年未有之大变局，国内环境也发生了深刻的变化，中小企业发展已进入到迎难而上、爬坡过坎、攻坚克难的关键阶段，为帮助中小企业逆境突围实现平稳健康发展，政府、中小企业、金融机构等各方必须要以更大决心、更大勇气、更大气力相互协调、共同努力。

在习近平总书记“中小企业能办大事”的重要指示精神指引下，以黄埔区、广州开发区为代表的中小企业发展“黄埔模式”为全国中小企业高质量发展贡献了“黄埔经验”，谱写了“黄埔样本”。我们有充分的理由相信，未来我国会汇聚更多自我革命的勇气担当以及干事创业的强劲动能，以政府之“为”服务中小企业之“进”，助力一棵棵“小苗”迅速长成“参天大树”，最终汇成创新创业创造的“万顷森林”。

文 / 李耀尧　赵冬冬

（李耀尧系广州开发区政策研究室党组书记、主任，
赵冬冬系广州开发区政策研究室综合处处长。）

『黄埔有故事』讲述人

姚维兵

广州明珞装备股份有限公司董事长兼首席执行官

- 广州市高层次人才——优秀专家（2019）
- 广州市黄埔区、开发区杰出人才（2019）
- 广东省制造业优秀企业家（2017）
- 国家“万人计划”科技创业领军人才（2016）
- 科技部创新人才推进计划——科技创新创业人才（2015）
- 广东省特支计划科技创业领军人才（2015）
- 广州开发区科技创业领军人才（2014）
- 广东省十大新粤商（2013）

- *42 秒就能生产一辆白车身，造出全球最先进汽车生产线*
- *30 多项新产品研发成果，590 余项自主知识产权，包括国内外发明专利 130 余项*
- *自主研发的地面滑动式柔性总拼系统、虚拟调试技术、非标智能制造装备工程的信息化与数字化、智能柔性生产线的运维与诊断技术等，打破了国外技术垄断，实现了核心技术的国产化*
- *实现单位制造费率下降 10%，投产时间缩短 1/3*
- *柔性生产线在 2.5 个月内完成生产调试，在现场 3 天内完成安装、调试、验收并交付*

明珞装备

全球数字制造革命的引领者

制造狂人的从 0 到 1

2007 年，姚维兵离开老东家广汽本田汽车有限公司，带着 15 万的积蓄组建了 6 个人的团队，以广州开发区为起点开始了自主创业。最初几年，有人说他异想天开，也有人说他是制造业狂人。12 年后的今天，姚维兵创办的明珞装备成了全球最先进的汽车装备制造商之一，也成了国际品牌奔驰、宝马等顶级车企及一线电动车等企业的核心供应商。

客户造车，明珞装备则提供能造车的智能生产线。路上飞驰而过的奔驰、宝马、大众、本田等汽车的车身，很可能就是从明珞装备的焊接生产线上生产出来的。2019 年 8 月下旬，从明珞装备出来的一组生产线被发往美国一个知名电动汽车客户那里。之后，该客户在中国的工厂实现了首车下线，这意味着姚维兵团队的技术水平再一次获得了来自国际顶尖车企的认可。

“2014 年的时候，作为中国企业我们从没‘出海’过，这次合作的成功是一个开端，给别人留下了一个印象。”姚维兵对意义非凡的订单记忆尤深。“2016 年的时候，这个美国电动汽车客户在全球准备上生产线，需要寻找一些全球最知名的供应商，其中有一小块关于激光焊接的生产线，对方要求在 5 个月之内完成，好尽快投入生产。”姚维兵介绍说，在将散乱的钢板变成一辆飞

驰的汽车之前，汽车制造需要经过冲压、焊接、涂装、总装四大工艺，焊装车间有一个环节要利用有一定难度的激光焊接技术。一辆汽车的车身有数千个焊接点，焊接的过程就像给冲压成型的车身板件接上“关节”，形成车身骨骼。此外，焊接对于速度、精度和节拍都有极高的要求。集成一条焊接生产线需要10 万多个零件，涉及多个学科知识的整合，而激光焊接相比传统的焊接更先进，对技术的要求更高，同时也能使车身更加坚固稳定，最大限度地保证乘客安全。

由于姚维兵很早就进入了激光焊接领域，所以这个美国客户寻觅了全球所有的相关公司后找到明珞装备。姚维兵说，当时还有些担心无法胜任，“因为整个生产线的设计，包括工艺设备的采购、安装、调试，正常生产一般需要一年半，但客户要求 5 个月内完成。”而且 2016 年的时候，全球做激光焊接的企业还很少，在大众的观念里，只有像库卡（KUKA，德国）、柯马（COMAU，意大利）才具备这个实力。“但因为我们是做激光这一块（的专业户），客户就关注到了。客户的信任让我们更有干劲地向前发展。”

早在 2012 年，姚维兵就建立了高功率激光应用实验室，用于汽车车身焊接领域的技术研发工作。第一笔海外客户的订单是姚维兵和团队全力以赴拿下来的。当时客户坐在明珞装备位于美国的办公室中，北京时间凌晨三点的时候，他和团队在实验室通过视频直播的形式把整个焊接过程展示给客户，完成之后将产品第一时间寄过去给他们测试，合格之后，第一笔订单便如约而至。

作为主要为国外汽车品牌服务的装备供应商，姚维兵和他的团队常常需要迎合客户的时区，昼夜颠倒。有一次，客户为保证上线生产给的时间特别短，

生产线从建设到交付只给了5个月的时间，面对这一全球主流设备供应商都搞不定的棘手任务，姚维兵迎难而上，抓住了这个千载难逢的机会。“我们进厂一个月就实现了自动生产，两个月通过验收。其他客户比我们晚了一年才通过验收，通过这一次合作，我们奠定了很好的合作基础。”

达成合作后，除了战胜挑战的欣喜，姚维兵也意识到客户的技术创新之快，他必须要迎头赶上才能跟上客户求新求变的迭代步伐。正是在向高标准的努力下，姚维兵才能及时满足客户快速交付的需求。“在如此短的时间内交出成品，其实还有一个秘密武器。我们早在2015年就引进了数字虚拟制造技术，而这是全世界最先进的虚拟制造技术。”

虚拟制造，就是把大量要在现场调试的工作放在电脑里进行，通过模拟验证后，生产线到了生产现场就可以更快地投入生产，大大缩短项目落地的时间。现在的虚拟产线数字工厂，甚至可以通过VR眼镜，去做产线的评审和设备培训。

在机器人仿真技术逐渐普及之后，虚拟制造就变成了一个普及性的工具，

姚维兵为此多次到美国、德国了解和学习这些前沿技术。“当时客户并没有要求我们这样的集成商这么做。但是我觉得这些技术具有前瞻性和创新性，非常值得提前投入。”姚维兵相信，虚拟调试技术是未来的发展趋势。

事实证明，姚维兵是对的。通过掌握全球领先的激光焊接技术与虚拟调试技术，明珞装备获得了全球第一电动车企的青睐。在他的企业内部，有两条并行不悖的发展序列，一条是管理，另一条是技术。技术出身的他，脑海里每天盘旋着许多蓝图，即使身处办公室，透过眼前密密麻麻的图纸，他也能看到一条条运作自如的生产线与生产线上飞驰而过的汽车。为了让这些图纸变成现实，他与团队常常要付出常人想象不到的努力。“几乎每天脑袋都没停止过运作，十几年一直是这样，也习惯了。”这样的高强度工作节奏，姚维兵早已适应，他温文尔雅的状态让人看到了他优雅的坚持，以及对汽车事业的热爱。

从中国制造到中国创造

“我一直喜欢去研究不同的东西，热爱技术。原来在广汽本田工作时，本田生产线绝大部分都是从日本引进的，本田引进的第一套自动化设备就是核心的自动化总拼，我看到后非常震惊，产生了很多思考。”从被国外的先进技术惊艳，到自己也能研发出打破外企垄断局面的总拼系统，姚维兵带领明珞装备办成了掌握核心技术的大事。

“一款总拼可以生产 8 款车，结构做得非常巧妙：一个总拼机器加 8 个机器人，只是加了一个转台就可以做得足够柔性。虽然一台设备要几个亿（日币），但我对世界上还有这么精密和先进的技术产生了巨大的兴趣。”所以后来姚维兵就一发不可收拾地琢磨起这个技术来。

总拼——汽车焊接生产线上最核心的环节，即将车身底板、侧围、车顶等零件通过焊接拼装在一起形成白车身（完成焊接但未涂装之前的车身）。过去十年里，汽车工业发生了翻天覆地的变化，曾经在一条生产线上只生产一款车型的情形早已不复存在。如今的生产厂家都希望采用柔性生产方式，即在同一生产线上生产多款车型以满足多种需要。“这个设备像一个艺术品一样，而且

还是一个复杂的艺术品。唯有几点不太理想：第一是批量切换，花费的时间较长；第二是需要挖一个很大很深的地坑把机器放下去。我创业之后，就一直想做生产线，最重要的问题就是解决这些痛点。”

2008 年创业后，姚维兵一边接着中小集成项目，一边组成了一个 8 人团队，针对国产的多车型共线柔性总拼系统做封闭式研发。“我们看了很多不同生产线的形式，比如说看到日产用一些伺服的抓手方式，就是将抓手放在空中，但这里有个问题就是每个车型要换很多抓手放在空中，日产的时间也很难做到 40 节拍以上。在当时，我们认为丰田的总拼是最好的，但对很多厂家并不适用，因为很多人无法接受那种几吨重的大铁架子。”擅长技术的姚维兵对这一点一琢磨就又是好几年。

那时候经历的很多事情都让姚维兵至今难忘。漫长的等待，难言的寂寞，投入、验证、推翻，循环往复也不见得有成果——这一切都急不得。在当时的情况下，对于总拼是否具备市场前景，姚维兵和团队其实并没有那么强大的自信。但前期的研发投入却很是庞大——一台总拼大概需要数千万。

彼时，公司利润并不足以支撑如此“烧钱”的研发费用，姚维兵选择通过融资来继续。第一笔融资 1800 万，第二笔融资 4500 万，姚维兵积极投入了总拼系统的研发中。为此，公司内部质疑声四起，做传统行业的人面对如此巨额的融资，都担忧重重，觉得姚维兵此举风险太大，但姚维兵认为，要把行业做透，就必须坚持创新的方向，从 0 到 1，从无到有才是真正的实力和本事。

姚维兵没有放弃，在关键时刻，他遇到了这个领域的专家孙志成博士，两人一拍即合，还专门做了一份全球十种总拼系统的分析报告，准备一起攻克这个难题。但后来遇上 2008 年金融危机，孙博士提前退休回了台湾。两年之后，姚维兵再次亲自去孙博士家中请他出山。

姚维兵说，这些年在研究中其实已经做出了一个方案，受到了启发。当时他在南京长安福特马自达的工厂里，看到他们的一个总拼解决方案，他发现了其中的一个问题，没想到这一下解决了困扰他多年的疑惑点——切换问题。“它们的切换（部件）在地面，但是焊接打点的机器人却只有两个在地面。我们后来就想到了一个方法，参照现有地面打点的方式把切换（部件）搬到空中，但

这个方案需要投入4台升降机，需要一两百万，最后只能放弃。后来又经过不断的迭代才成就了我们现在模块式的总拼。”现在明珞装备的总拼系统只有6个总成部件，是迭代了三次之后形成的成熟系统。“我敢说我们的总拼系统在全世界都是最领先的，能够适应多种车型的要求。”

前后历时五年，总拼系统累计研发投入超过2000万元，2016年，明珞装备的第三代多车型共线柔性总拼系统终于面世。这是一种生产方式的彻底革新，明珞装备用搭积木的概念把生产线构建成标准化的模块大积木，再通过智能化手段快速拼装。这样一来，自主生产一辆白车身最快只需42秒，还可随机混线生产多种车型。

将昔日同事之间感慨的不可能变成可能，姚维兵很是振奋。“这套系统最早在我国自主品牌广汽的项目里运用，出货顺利，后来随着吉利的马来西亚宝腾主线项目的成功运行才被销售到海外。”2018年，姚维兵又一举拿下了3个亿200个机器人的奔驰国际订单，他自豪地说：“以前大家都认为装备业是中国不具备的，要进口，但我们现在做到了只和全球前十位的客户合作。”

虽然如此，姚维兵在走向全球的进程中并不总是那么顺利。刚刚起步的中国制造也曾遭到质疑，“有一个企业是我们需要跨越的，那就是全球最顶尖的企业丰田。我们知道丰田的一条理念，打造TPS（Toyota Production System，丰田生产体系），是所有汽车厂都在学习的，但是没有人学会，包括JIT（Just In Time，准时生产系统），丰田的焊接生产线有自己的一套标准”。

TPS是丰田汽车公司特有的一种生存方式，其核心在于追求消灭包括库存在内的一切“浪费”。也就是这种生产方式使丰田从一个濒临破产的小汽车公司在短短几十年内一举成为汽车业的龙头。这一生产方式，亦为世界工业界所瞩目，被视为当今制造业中最理想且最具有生命力的新型生产系统之一。

对熟悉或从事制造业的人来说，丰田TPS及其提高企业生产效率的奇效早已如雷贯耳。而说服丰田采用新的生产线与生产方式几乎等同于不可能完成的任务。“我们去找丰田，可能人家不会见我们。2018年9月份的时候，我们的合作伙伴西门子把丰田带到我们公司来，在后面的两个月，经过充分交流之后，终于产生了一个尝试的合作。”

后来，丰田就找了一个项目和明珞装备做对比，在他们下一代的一款 SUV（运动型 / 城郊多用途汽车）车上面进行测试：左边用丰田的标准，按原来的方式去做；右边用明珞装备的标准，按照明珞装备的方式进行。两种生产线应用于同一款车上进行对比。车和零件是一样的，生产线是不一样的。正常来说，做生产线需要四五个月，现场要调试两到三个月之后才能交付。当时丰田在每一步每一个环节上都做了精细的记录和对比。

2018 年，一组发往日本的智能标准工作站在两个半月内就完成了调试，在现场 3 日内完成卸货、拆箱、安装、现场调试和客户验收。用数据说话，姚维兵用他特有的方式让明珞装备的数字化和智能化标准走进了丰田总部，得到丰田的高度认可。“丰田总部对我们非常认可，原本他们只是抱着试一试的心态想验证一下我们的方法对不对，结果证明，我们的方法更加先进。”此后，丰田开始和明珞装备进行一些项目合作，在这个过程中，姚维兵和他的团队也逐渐熟悉了丰田的标准。

从工业物联网到工业大健康

2018 年 10 月，习近平总书记来到明珞装备考察。在这里，习主席勉励广大中小企业聚焦主业，加强自主创新，通过自身努力不断取得新的业绩。习近平总书记的重要讲话为中小企业打了一剂“强心针”，也让姚维兵备受鼓舞。

2020 年，面对新冠肺炎疫情的冲击，明珞装备显得从容淡定。“培育核心竞争力是公司应对一切风险挑战的关键。”姚维兵介绍说，疫情之下，明珞装备工业物联网及“工业大健康”服务体系通过向客户企业提供设备互联在线、智能监控、设备快速再运行等服务，有效解决了企业限制开工、人员不足、产能受限、产业链断裂等问题。“本地一家企业应用了我们工业互联网 IME 智造家平台，轻量化的平台服务使其在不增加人员的情况下，将利润率从 10% 提高到 15%。”

“工业物联网相当于给生产线做体检，就像在体检中测我们的血压、心电

图一样，体检之后再去做相对应的治疗。”姚维兵还举了一个服务案例：某个客户在不增加任何设备的前提下，明珞装备只是通过数据把问题点找出来并予以解决，一个小时多就能生产两台车，这样，该客户一年就能多生产 5000 台车。“一般来说，可以把生产线的效率提高到 5%—10%，甚至更多。”姚维兵对于数据有着极高的敏感度，即便生产线的效率差距非常微小，他也可以在心里快速换算成成本和差价，这是他十几年来养成的习惯。

在 2018 年 10 月习近平总书记考察明珞装备一年后的时间里，明珞装备在工业物联网、工业大数据、虚拟制造、首台套重大技术装备等方面开展的自主创新研发活动，以及数字化加工线改造、高端人才引进等方面都获得了各级科技主管部门的大力支持，共获得科研成果立项 35 项，比上年同期增长 9.37%。其中“面向汽车装备智能制造关键过程的虚实融合技术”获得广东省科技厅重点研发项目千万元财政资金立项支持，“基于大数据分析的面向汽车焊装主线的智能诊断运维平台的研发”获得产学研重大专项数百万元立项支持，贷款贴息、场地租金补贴、研发补助、科技保险补助等也累计达到了数百万元。2020 年 1 月，公司自主开发的拥有 70 余项自主知识产权的“面向汽车白车身制造领域的多车型共线柔性总拼关键技术”获评广东省科技进步二等奖。

从千年商都到国际贸易枢纽，广州改革创新的基因让其活力资源长盛不衰。广州开发区把握大湾区“湾顶明珠”的空间机遇，围绕“世界知识城、湾区创新源、国际人才港”的目标，打造大湾区国际科技创新中心核心枢纽。特别是牢记总书记殷殷嘱托，以五年大变化为使命，奋力建设科学城粤港澳大湾区制度创新先行区，把科学城打造成为具有国际影响力的中国智造中心。

伴随广州开发区跻身世界一流高科技园区建设的新时代，黄埔区政府持续贯彻深化科技体制改革，聚焦政策支持、集聚资源扶持，给予中小企业创新更大的帮助。金融方面，根据中小企业创新遇到的困境，定制相关金融服务，为中小企业创造良好的投融资环境。产学研方面，积极推进企业打造的 CPS（信息物理系统）离散制造数字化创新中心与高校、科研院所与中小企业的有效对接，最大限度实现科技成果转化和应用。当“政、金、学”齐发力来营造一流的营商环境时，中小企业创新发展的内生动力也能得到充分释放。

2019年，明珞装备获批组建“广东省CPS离散制造数字化创新中心”。未来，还将通过构筑“生产线智能数据闭环”打通所有制造业机器设备以及生产线前期规划、中期制造、后期应用的数据流，进而驱动制造业升级和转型，为整个制造业赋能。

目前，明珞装备成体系的智能化发展依循“自动化+标准化+精益化+柔性化+数字化+智能化”的路径，先后推出工业物联网智能制造服务平台（MISP）与智造家工业互联网服务平台（IME），双平台联合为制造业企业提供“产线—设备—元器件”的诊断评估、智能运维、回收再制造等全价值链生命周期服务。其中MISP现已落地部署于120余条生产线，服务超过600个工位、14000个终端，助力企业挖掘隐藏的数据价值，提升现有资产的使用效率和企业盈利能力。

从第一个激光实验室到第一个总拼系统，再到得到全球各大顶尖车企的认可，姚维兵领导的明珞装备在柔性装备领域已经做到了全球领先的程度。接下来，姚维兵说，他不单单要实现自己在制造业的数字化转换，同时还要搭建一个更加广阔的平台，赋能更多的中小制造业企业实现数字化转型。

作为一个工程师，姚维兵追求极致；作为企业管理者，他对于效率也有着极为严格的要求。“技术创新和管理方法同等重要，研发的技术要匹配客户的需求才会有的放矢。”汽车制造狂人马斯克曾经说过这样的话：“目标要瞄准月亮，你一旦失败了，至少可以落到云彩上。”而从创业伊始就将目标瞄准“月亮”的姚维兵，通过对时间、效率和技术的极致追求，一直致力于信息化、数字化、智能化转型，不仅实现了自己的梦想，更实现了中国在汽车装备总装领域从无到有的突破，逐步打破工业互联网的应用局限，促进产业集群式发展与转型。小企业蕴藏大能量，我们相信，明珞装备的明天会更加精彩。

文 / 王彩

获得的荣誉

- 国家知识产权优势企业（2019年至今）
- 广东省知识产权示范企业（2019）
- 广东省工信厅批准建立广东省CPS离散制造数字化创新中心（2019）
- 广东省最佳雇主企业（2019）
- 广州博士后创新实践基地（2018）
- 广州市黄埔区创新发展之星（2018）
- 吉利汽车金牌供应商（2018）
- 广州开发区瞪羚企业20强（2015）
- 第八届中国最具投资价值50强企业（2013）

袁建华

『黄埔有故事』讲述人

广州洁特生物过滤股份有限公司董事长

- 中国科协广州科技园孵化器创业导师（2015）
- 中国留学人员创业园十大领军人物（2013）
- 广州市侨商会第五届理事会常务理事（2012）
- 广州市海外交流协会第五届理事会名誉理事（2011）
- 第二届“广州十大优秀留学回国人员”创业奖（2011）
- 广东省海外交流协会第五届理事会理事（2010）
- 广东省第十届政协特聘委员（2008）
- 广州市第二届优秀中国特色社会主义事业建设者（2008）
- 广州市侨商会第二届理事会常务理事（2003）
- 美国哈佛大学公共卫生学院访问学者、博士后、客座研究员（1992）

- *洁特生物出现之前，生物实验室一次性塑料耗材市场全部由国外巨头垄断，是它撕开了一个口子。*
- *截至 2020 年上半年，它已成功获得发明专利授权 32 项、实用新型专利授权 43 项、外观设计专利授权 23 项，曾主导制定广东省地方标准 2 项，产品出口到美国、日本等 40 多个国家和地区。*
- *自主研发了 3D 细胞培养支架，一片 1 厘米厚的支架就能培养 10 亿个细胞。该产品在“生物实验室高端耗材”方面打破国外医药巨头的垄断，代表我国实现了“零的突破”，并销往全球 40 多个国家和地区，获得极好的市场反响。*
- *它的产品进入市场后，彻底打破了美国的技术垄断和市场垄断，并促使同类进口产品价格下降约 40%，每年可为国内客户节省 40 亿到 50 亿元人民币。*

洁特生物

撕开国外“生物实验室高端耗材”垄断的口子

我国生命科学领域研究相对欧美国家起步较晚，国内生物实验室耗材生产量只占全球市场份额的一小部分，产业高度依赖进口。洁特生物就是在这样的背景下建立的。1998 年，在美国哈佛大学公共卫生学院做了 5 年访问学者的袁建华凭借多年潜心研究，攻克了生物实验室耗材的技术难题。一心想要“学以致用”的他只身一人，拎着一只皮包从国外回来，在广州参加了第一届留交会（中国留学人员广州科技交流会），坚定了创业的目标。

2001 年，洁特生物在黄埔成立，主要业务覆盖细胞培养类及与之相关的液体处理类生物实验室一次性塑料耗材的研发、生产和销售。为了打破海外巨头

对该产业的垄断，洁特生物投入大量人力、物力、财力，始终坚持自主研发、自主生产。

创业初期，洁特生物一度面临着极为困难的生存处境，后在广州市科信局的资助下，企业存活了下来。留学人员广州创业园成立后，洁特生物在相关政策支持下得到了 80 平方米的厂房。

一直以来，浩特生物坚持不懈地将实验室耗材精品化，稳扎稳打，前行在创新的路上。目前，洁特生物已拥有专利 98 项，其中发明专利 32 项，主导制定广东省地方标准 2 项，掌握了多项生物实验室耗材生产领域相关的关键核心技术和先进工艺，先后自主研发多项具有国际领先优势的技术。

2020 年 1 月 22 日，广州洁特生物过滤股份有限公司（688026.SH）正式在上海证券交易所科创板挂牌上市。站在新起点上，洁特生物秉承“以创造性的解决方案为全球提供最可靠的生物技术研发工具”的发展宗旨，努力为生命科学研究做出贡献。袁建华表示，在未来三到五年里，洁特生物将在生物实验室耗材行业中不断进取，提高产品在国内和国际市场的份额，进一步打破西方发达国家的技术垄断和市场垄断，努力实现“进口替代和出口换汇”，同时积极推进向医疗耗材及医疗设备行业的渗透及延伸。

不甘于安逸，中年回国创业

20多年前，袁建华在美国哈佛大学做访问学者，他在那待了5年，凭借自己的努力积累了一定的资产，将家人接到了加拿大定居，并买房买车。48岁的袁建华和家人在加拿大过着安逸而自在的生活。而这一切都因为他朋友的一句话发生了变化。

“凭你的这些知识能力和积累的经验，回国发展，肯定会有完全不一样的机会。”一位朋友不经意间提的建议，却让袁建华趋于安稳的心被点燃。在当时，国内生物实验室耗材在全球市场中所占份额几乎为零，产业高度依赖进口。“自己在国外待了5年，在生物技术方面也积累了二三十年的经验，不用岂不是就浪费了？”袁建华坚信自己学的东西，回国一定可以用得上。

1998年，袁建华只身一人，拎着一只皮包从国外回来，他跑了上海、家乡南昌等地，并在广州参加了第一届留交会。黄埔区、广州开发区良好的创业氛围更加坚定了袁建华创业的决心。最终，他将黄埔区、广州开发区作为自己事业的驻扎地。

万事开头难。创业之初，钱和住处成了大问题。正当袁建华一筹莫展的时候，黄埔区政府、广州开发区管委会雪中送炭，给予他很多政策上的支持。创业之初，黄埔区政府、广州开发区管委会为这些从国外留学回来的创业人员提供了周转公寓，第一年免费，第二年减免租金50%……“即便这些钱不是很多，但这对一家初创公司来说，是非常有价值的。”袁建华作为黄埔区、广州开发区第一批留学归来的创业者，得到了这些帮助。住的地方暂时解决了，袁建华把自己多年的积蓄攒在一起，在一个小作坊里，开启了创业之旅。

在生物医疗领域，生物实验室耗材的行业规模其实并不大，但这个行业却是一个技术门槛高、垄断性很强的行业。从全球来看，也仅有20余家规模企业。中国的生物医用材料发展较世界晚20年左右，整体生产水平十分低下，90%以上的产品都依赖进口。

生物医用材料生产周期长、投入大，有很高的技术壁垒。洁特生物在最初的四年时间里是一家完全没有收入、纯粹搞研发的科技企业，基本没有收入来源，资金很快就入不敷出。项目推进需要时间，加上只身回国的袁建华没什么资产可做抵押，融资成了大难题。

1999年，留学人员广州创业园成立。留学人员创业园是广州市第一家创业园，是位于广州开发区西区的一栋高楼。创业园里的工作人员为园中各种创业企业提供免费服务。作为科技创业型公司，袁建华因政策支持得到了80平方米的厂房。

80平方米的地方，被袁建华分为三间房，一间作为他自己的办公室兼会客室，一间作为员工的工作室，还有一间作为实验室。“广州开发区不仅给我们提供了免费的场所，区内工作人员还在空间装修、功能划分这些具体的事情上给了我们很大的支持。”袁建华回忆到。

2000年，袁建华作为留学人员归国创业企业的代表获得了广州市第一批创业资助奖励，金额为10万元。

2001年，洁特生物正式成立，主要从事细胞培养类及与之相关的液体处理类生物实验室一次性塑料耗材的研发、生产和销售。

稳扎稳打谋发展，与开发区共生长

创业，从来都不是一帆风顺的事情。2002年至2003年期间，洁特生物面临着极为困难的生存处境。当时洁特生物一共有12个员工，一个月总共才发1万元工资。

“我们没有什么东西可以用于抵押，厂房也是别人的，光有些知识产权，但无法从银行贷到款。”袁建华回忆道，“基础资金除了投入到研发就是给几个工人发工资，但即便是这样，公司运营得都很艰难，后来广州市科信局资助了我们 20 万元，才让企业活了下来”。

2002 年和 2003 年洁特生物又先后获得广州市科技局的项目资助 30 万元和 20 万元。在政府的支持下，洁特生物更争分夺秒地潜心搞研发，渴望早日突破技术壁垒。2004 年，洁特生物终于开始有了销售收入，并在当年取得 50 万元销售额的好成绩；2005 年，洁特生物销售收入达到 150 万元，逐渐渡过了创业之初的生存危机。

到了 2005 年，洁特生物迎来了一个大的转机。袁建华说，突然有一天，他接到一封来自美国的邮件。原来，一家美国公司看中了洁特生物，希望来洁特生物进行考察。此时的洁特生物还是一家只有 80 平方米厂房的小公司。袁建华觉得用这么小的地方接待这家在行业内非常有影响力的外国企业高层实在拿不出手，他的第一反应就是打电话给广州开发区管委会。他对当时任广州开发区管委会办公室主任的陈小华说，能不能为他提供一间会议室用来接待美国公司的高层。广州开发区管委会二话不说，立马答应。

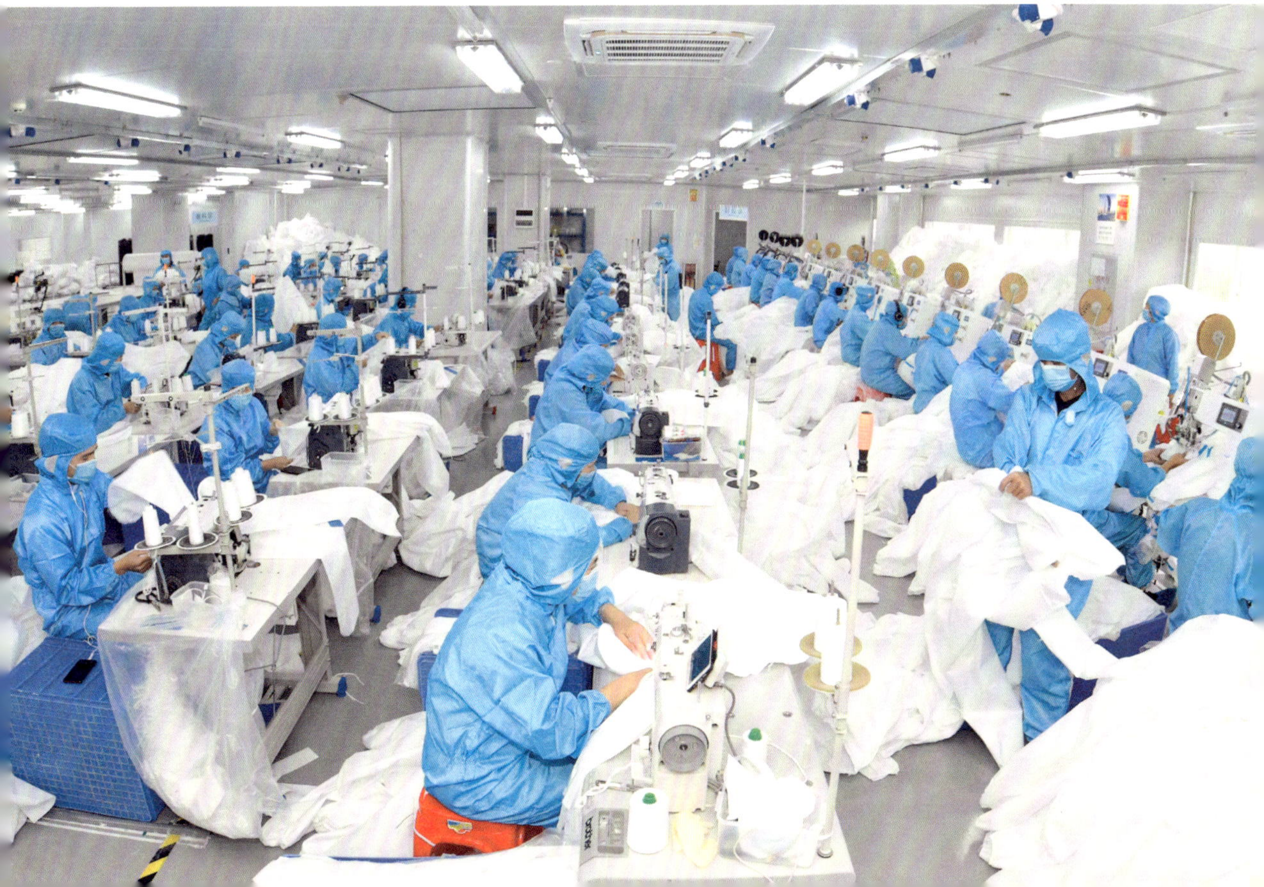

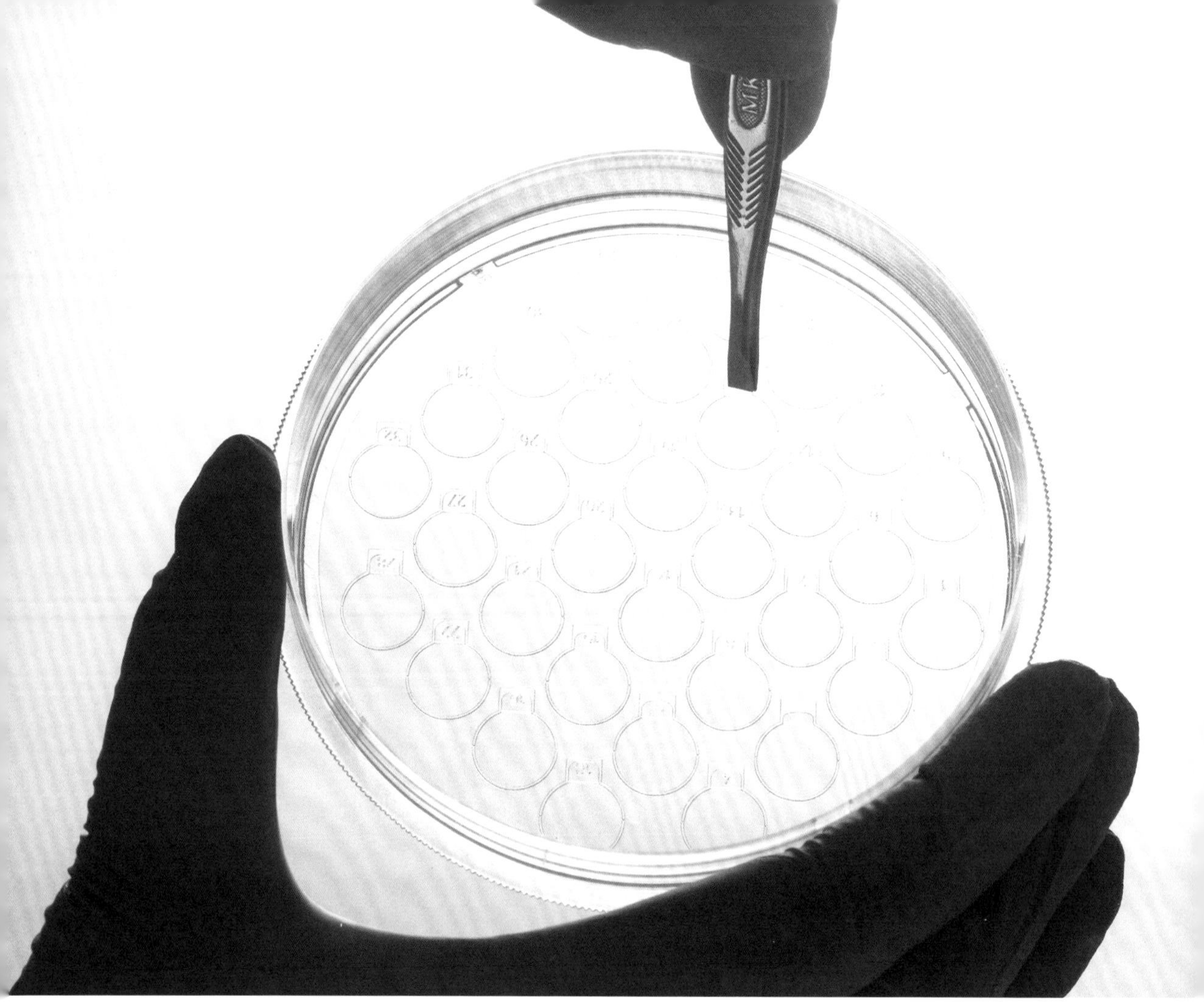

2006年，这家美国公司发出邀约，愿意出资500万美元（按彼时汇率计算，折合人民币约4000万元）收购洁特生物。200万元创业成本，5年后卖4000万元，单从经济方面考虑这是一笔非常划算的买卖。但袁建华清楚地知道，洁特生物的目标远不止于此。

中国市场庞大的人口基数与快速增长的生物医药需求逐渐成为生物实验室一次性塑料耗材的新兴市场，未来中国生物实验室一次性塑料耗材生产将呈爆发性增长。而当下中国生物实验室一次性塑料耗材市场仍然由进口品牌主导。袁建华坚信，随着国产厂家研发和创新能力的不断提升，国产品牌有望逐步实现进口替代，从这个层面来看，这件事的价值远高于4000万元。

袁建华没有接受这笔“非常划算的邀约”。拒绝归拒绝，但生意上可以先

合作。不久后，这家美国公司给洁特生物下了一个大订单。“拿到这个订单的时候，自己简直就跟打了鸡血一样。真的可以说是‘人在做，天在看’，不枉自己这一路踏踏实实、埋头苦干的努力。”回忆当时，袁建华不免露出兴奋之色，经过5年多的摸爬滚打之后，洁特生物的转机真的就来了。

2005年，茁壮成长的洁特生物搬离创业园，在黄埔区、广州开发区的南粤机械厂科技园租了5000平方米的厂房。在接下来的几年，洁特生物的销售额突飞猛进，2006年至2008年期间，洁特生物的员工已经超过100人。2012年，洁特生物的盈利首次迈过1000万元门槛，开始进入高速发展期。考虑到未来扩大生产需要场地，洁特生物向黄埔区政府、广州开发区管委会提出申请，要地扩建厂房。2012年，黄埔区政府、广州开发区管委会给洁特生物提供了一块地，地址在永和，总面积接近30多亩（1亩约合666.6平方米）。2013年后，洁特生物开始兴建自己的厂房，并陆续引入战略投资者。有了更充分的实力，洁特生物开始着手谋划更大的市场。

3 年后，一家美国纳斯达克上市公司愿意出资 3.5 亿元收购洁特生物，并屡屡表达出“非买不可”的强烈意愿，但袁建华没有丝毫动心。袁建华这才意识到，十几年坚持下来，洁特生物包含着自己的家国理想，早就无法割舍。

破垄断零突破，小瓶罐中有大世界

2016 年至 2018 年，洁特生物营业收入分别达到 1.24 亿元、1.67 亿元、2.07 亿元，近三年营收复合增长率为 29.20%；归母净利润分别为 2607.23 万元、4035.61 万元、5283.49 万元，近三年盈利复合增长率为 42.35%。

“千万不要小瞧我们做瓶瓶罐罐的，”袁建华说，“从公司的净利润率就可以看出，如果我们的瓶瓶罐罐是简单的小商品，那就不可能有如此高的盈利水平。”这些瓶瓶罐罐中有着看不见、摸不着的高科技，涉及生物材料、高分子材料、机械设备等多个交叉学科领域，行业门槛非常高。

2016 年，洁特生物突破技术壁垒，成功自主研发出 3D 细胞培养支架。该支架最大限度地模拟了细胞在活体内的生长环境，并极大地增加了细胞的培养表面积。此支架中的细胞灌流培养系统可以实现细胞的连续培养，能自动补充新鲜培养基和氧气，调节 CO_2 浓度及酸碱度等。一片 1 厘米厚的培养支架就能培养 10 亿个细胞，是将来开展细胞治疗的可靠装备。

3D 细胞培养支架在生物实验室高端耗材方面打破国外医药巨头的垄断，在国内生物医药领域的发展中起到重要作用，代表我国在此领域实现了“零的突破”。此外，洁特生物自主研发的灌流细胞培养装置制造技术为国内独家，即使放眼全球，也只有两家公司具有这一制造能力。

2018 年 10 月，习近平总书记来广州调研中小企业期间，袁建华曾发言：“在我们没有创业前，这个市场全部被国外巨头垄断，现在我们撕开了一个口子，产品出口到美欧日等 40 多个国家和地区。”

“企业与广州开发区的关系，我一直觉得是共同成长的。洁特生物能取得今天的成绩，与广州开发区长久以来的支持是密不可分的。在广州开发区的支持下，我们能够集中力量去解决一些技术难题，有技术做支撑，企业就会大有希望。企业有希望，广州开发区就有持续不断的活力。”谈及广州开发区与企业的关系时，袁建华深有感触。

2018年，黄埔区、广州开发区、广州高新区出台了《加快IAB（新一代信息技术、人工智能、生物医药）产业发展的实施意见》，其中，对新建立的生物医药重大产业项目，针对生物医药产业，按固定资产投资总额达到5000万元、1亿元、5亿元、10亿元的，经认定分别给予500万元、1000万元、5000万元、1亿元奖励；对获得新药证书或注册批件的项目，每个最高奖励1000万元；对通过仿制药质量和疗效一致性评价的药品，给予企业每种药品200万元奖励。

2018年，广州高新区实现生物医药产业营业规模超过785亿元，约占广州市总规模的60%，已跻身国内第一梯队，生物医药顶尖人才与枢纽型项目聚成磁场，汇集成生物医药高端创新资源。目前，黄埔区、广州开发区已形成以广州国际生物岛、广州科学城、广州知识城为核心的生物医药集聚区，聚集企业超过1000家。

2019年，在黄埔区政府的帮助下，洁特生物向省、市两级政府提出了建立“粤港澳湾区生物实验室及医疗耗材研究院”的计划，并迅速得到了各级政府的大力支持。首先，各级政府支持洁特生物利用现有场地继续扩展，并批准了建房最高容积率，高达7.0，这让洁特生物在原有基础上多出了5万多平方米的厂房。其次，研究院的人员组建也得到了各级政府很大的支持。目前，10万平方米的研究院和二期生产线正加紧建设。建成后，产业园产值预计可达20亿。

2019年开始，洁特生物根据自身发展的情况，决定申报科创板并争取在科创板上市。洁特生物在准备上市的过程中也得到了广州市政府和黄埔区政府的大力支持。“当时，省、市、区各级政府的工作人员亲自带着我们这些候选企业两次去了上交所与上交所的领导交流沟通。这些指导使得我们准备得更加充分。并且根据相关政策，各级政府还给我们提供了财政支持，洁特生物累计获得了700多万元的上市补助，这大大降低了洁特生物上市的成本。可以说没有各级政府的支持，就没有洁特生物的今天。”回顾洁特生物发展的这些年，袁

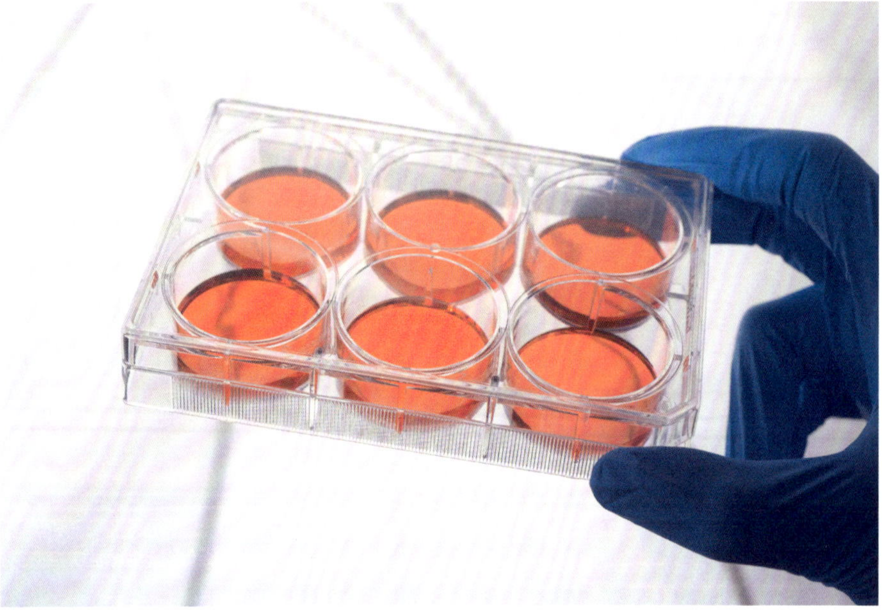

建华感叹道。12 月 24 日，洁特生物正式拿到在科创板上市的批文，迎来了新的起点。

主动担当，战"疫"民族企业

2020 年对全球来说是不平凡的一年，对洁特生物来说更是令其印象深刻的一年。1 月 22 日，广州洁特生物过滤股份有限公司在上交所科创板成功上市，成为广东省 2020 年首家科创板上市企业，也是黄埔区、广州开发区第二家科创板上市企业。

上海敲钟后，袁建华却立即返回广州。突如其来的新冠肺炎疫情将一切庆功计划打乱，武汉疫区防护用品的短缺让他十分着急，他亲自挂帅，带领销假返回岗位的 40 余名员工进行奋战，力求尽快将口罩生产出来。

洁特生物以前在黄埔区、广州开发区有一家全资的子公司广州拜费尔空气净化材料有限公司，以生产 KN95 民用口罩、医用外科口罩及医用防护服等防控物资为主，由于这类产品需求受季节影响波动性较大，过去几年持续亏损，洁特生物决议将其注销。面对紧张的疫情态势，洁特生物主动担当起一家上市企业的社会责任，针对当时口罩缺口较大的问题，重新激活了拜费尔的产能，支援全国新冠肺炎疫情阻击战。

1 月 25 日，正在巡视生产线的袁建华表示："我们就是亏损，生产的口罩也绝不涨一分钱。"面对产能不足的情况，洁特生物紧急预订了两条生产线，在黄埔区政府、广州开发区管委会有关部门的大力支持下，经过与生产厂家的反复沟通，原定 40 天交货的全自动生产线，只用了 2 天就完成提货。产能得到提升，有力支援了广州市的口罩供应保障工作。

疫情当前，主动担当，快速恢复产能，洁特生物用行动为抗疫工作贡献了有力保障，既体现了企业自身的使命感和担当，也是全国千千万万企业全力抗疫的缩影。

聚焦主业精耕细作，力争立足国际舞台

黄埔区、广州开发区创建国家"中小企业能办大事"先行先试区。同时，在生物医药领域支持重大产业聚集、鼓励研发创新、推进成果产业化、加快技术平台建设等方面加大支持力度。这些政策惠及洁特生物，加上自身二十几年的不懈努力，根据统计的数据，目前洁特生物公司的产品在国内这个行业中出口量位居第一，总量也位居第一。洁特生物公司主要产品包括移液管系列、细胞培养系列、离心管系列、过滤器系列，以及其他系列共五大类 700 余种，80% 产品出口欧美国家，其中美国占了出口份额的 55%。

随着公司的高速发展，袁建华心中的目标也越发清晰。未来生物医用材料市场潜力巨大。一方面，《"十三五"生物产业发展规划》强调要大幅提升生物医药及高性能医疗器械领域的新材料应用水平；另一方面，我国人均医疗器械费用远低于发达国家，叠加我国巨大的人口基数、城镇化、老龄化的趋势刺激，保守估计市场规模将超过 6000 亿元。而随着中美贸易争端的发生和不断扩大，美国对中国市场和关键技术实行封锁，在未来，生物医药行业

极有可能成为美国下一个目标。可以预见的是，进口产品替代已成为趋势。

这对出口大户洁特生物来说，既是巨大的挑战，又是全新的发展机遇。袁建华坦言，洁特生物人始终保持着忧患意识，本次冲刺上市，只是一个阶段性的目标，并非终点。

上市能帮助企业更快更好地往前发展。按照募投计划，洁特生物将在生物实验室耗材产品扩产及技术升级改造、国家级生物实验室耗材企业技术中心建设、营销及物流网络扩展等项目上发力，补齐短板，以满足快速增长的市场需求。同时，洁特生物也将加大科研投入力度，以进一步提高科技创新能力和规模化制造能力，巩固和提高行业竞争优势，为推动国家生物技术的发展贡献力量。在非常时期，洁特生物有能力也有责任，迅速地实现进口替代。

文 / 周莹

获得的荣誉

- 国家知识产权优势企业（2019）
- 广东省知识产权示范企业（2019）
- 广东省五一劳动奖（2019）
- 广东省级企业技术中心（2017）
- 广州市企业研究开发机构（2016）
- 广东省生物实验室一次性塑料耗材工程技术研究中心（2014）
- 广州市级企业技术中心（2012）
- ISO 9001/13485质量管理体系认证（2007）

刘丹凤

『黄埔有故事』讲述人

广州视源电子科技股份有限公司第 41 号员工，现任副董事长

- 广州市第十四届人大代表
- 广州市第十三届政协委员会委员
- 广州市黄埔区工商业联合会副主席
- 广州市黄埔区、开发区杰出人才（2020）
- 广州市三八红旗手（2019）
- 广州市黄埔区、开发区营商环境观察员（2019）

- *全球每 3 台电视机中，就有 1 台在使用视源电子研发生产的板卡*
- *交互智能平板在国内细分领域销售榜排行第一，2020 年上半年，希沃交互智能平板产品销售额市场占有率为 40.6%，连续 8 年位居中国大陆教育市场交互智能平板销售榜首位；MAXHUB 交互智能平板销售额市场占有率为 32.2%，连续 3 年保持中国大陆市场份额第一的领先优势*
- *中国超过 150 万间教室的互动教学智能平板由视源电子研发生产*
- *2019 年研发投入超过 10 个亿，60% 的员工为技术人员*

视源电子

为全球生产千万个智能屏幕背后的科技小巨人

从小小的电视机主板入手，在黄埔区、广州开发区科学城启航逐梦，视源电子满怀激情走上了发展之路。凭借生产成本、服务速度、研发效率方面的优势，以及独特的零应收款制度，视源电子很快便在激烈的竞争中乘风破浪，并在教育和会议细分领域创立了“希沃”和“MAXHUB”两个知名品牌，至今都保持着交互智能平板行业全国领先的地位，充分彰显了中小企业能办大事的实力和底气。

视源电子主营液晶显示主控板卡、工业电源、交互智能平板和医疗等产品的设计、研发和销售，通过技术创新不断延伸和丰富产品结构，其产品已广泛应用于家电、教育、企业服务等领域，广泛融入人们生活的各种场景。从一个小企业到在黄埔区、广州开发区内拥有四个园区，视源电子在黄埔区、广州开发区的扎根壮大是与广州市政府和广州开发区管委会共生共赢的结果。视源电子 2017 年的营业收入达到了 108 亿元，在 2019 年中国战略性新兴产业领军企业 100 强榜单中，排名第 80 位；在 2019 年中国制造业企业 500 强榜单中，排名第 383 位。

梦想起航，办大事先从小事做起

作为首批国家制造业双创试点企业、国家高新技术企业、国家知识产权示范企业，视源电子不仅挂牌了国家工业设计中心、国家企业技术中心，还入选了 2018 年中国企业创新能力 100 强、2019 年《财富》中国 500 强等榜单。像视源电子这样的中小企业能够在发展中取得如此亮眼的成绩，大多是要在极度艰难的条件下怀抱梦想扬帆起航的。

其实，视源电子的成立是创始人团队“走投无路”的无奈之举——一群干劲十足、心怀梦想却面临遣散的工程师在一致的目标驱动下走上了自主创业的道路。经过对市场的慎重分析，创始人团队决定以 TV 板卡研发为切入点谋求自身的生存之道。带着明确的发展目标与奋进的不懈追求，创始团队一行人在拼命工作的同时广纳人才、扩员招将。

视源电子的第 41 号员工、现任副董事长刘丹凤，就是在视源电子成立没多久的时候来应聘求职的。那时，刘丹凤刚从自己的第一份工作——中山的一家灯饰企业离职，经过南方人才市场视源电子招聘摊位前的现场面试，得到了这

份影响她一生的新工作。

拿着创始人给的写有报到对接人联系方式的纸条，刘丹凤找到了远在郊区的视源电子。第一天她就受到了极大的冲击与震撼——

“太辛苦了，刚去一个星期我就扛不住了。”说起工作初期的情形，刘丹凤至今印象深刻。尽管上司精神干练的形象让她很是敬佩和欣喜，但直到晚上十点多都没有一个人想起来要安置新来的她入住员工宿舍让她犯起了嘀咕。在试探性的询问下，刘丹凤才得以在十点多的时候离开公司，没想到这竟成了她那两三年里下班最早的一天。

巨大的工作强度很快就让刘丹凤萌生了退出的念头，身心俱疲的她鼓起勇气表达了要离职的想法，但创始人的回应让刘丹凤的眼泪立即就掉了下来。“其实我挺羡慕你的，你觉得这个环境太艰苦不想干就可以走，但我不行。大家都像兄弟姐妹一样，我不能抛弃这个团队和自己的责任。”听完这番话，刘丹凤的心情十分复杂，她下定决心留下来，尽最大的努力为团队做事，创造出自己所能创造的最大价值。

为了在竞争激烈的市场中存活下去，刘丹凤与同事们一起任劳任怨地扑在工作上。得速度者得市场，谁能率先生产出产品，谁就能率先出货。为此，视源电子不得不用市场上绝无仅有的研发速度开发产品，两个月就完成了一般厂家需要六个月才能完成的开发任务。

然而视源电子认为仅有速度远远不够，还非常注重产品品质、服务口碑与规范机制的建设，甚至向所有珠三角的客户做出了“出现问题 24 小时现场解决”的承诺。基于过硬的产品质量及出色的问题解决能力，视源电子得到了越来越多客户的认可与信任。刘丹凤说：“视源电子在国内一个大电视品牌有内部研发部门的情况下都没有放弃自己的标准和原则，以超出所有同行的速度产出高品质的产品，最终赢得对方信服，达成了合作。”在此之后，视源电子打开了更大的市场，进入了发展的快车道。

改革开放积聚的巨大能量为中小企业积淀了发展基础，在快速变化的时代潮

涌中，众多中小企业主动参与经济全球化的进程，勇敢地走向市场，在风雨中强壮筋骨，在挑战中破除万难，拼速度、拼质量、拼技术，以梦想开辟奋进路，创造了无数中国奇迹。视源电子也是这样从弱小艰险的状态出发，从不起眼的 TV 板卡做起，落实每一件小事，一步一步向前迈进。这些做法看起来是很“笨”的，但在夯实基础以及建立信任的过程中，视源电子借此收获的都是很“实”的回馈。

筚路蓝缕，以启山林。成大业需要从小事做起，办大事需要不畏艰苦的毅力。中小企业要办大事，能办大事，每一步都要付出艰辛的汗水，每一次选择都要投入长远的眼光，只有这样，才能在激烈的市场竞争中立于不败之地。

创新思变，把握先机才能办成大事

能够在群雄竞逐的电子产品领域站稳脚跟，是视源电子抢抓机遇、苦练内功的结果。守得住寂寞，经得起检验，跑得过趋势，尽管已经获得了不错的成绩，视源电子仍然在求新求变的道路上不断激活造血潜能，稳固自身实力。

“我们一直都挺艰难的，每个阶段都有每个阶段的困难。”说起视源电子如今的发展成就，刘丹凤始终谦虚地认为企业发展不进则退。在电子科技行业，企业通常都是依靠速度和创新将产品做起来的，在别人还没涉及的时候抢占先机，当别人想跟随竞争的时候又率先更新下一代产品，这样才能在市场上保持优势。

为了拓展生存发展的空间，视源电子的战略选择在很多方面都“反其道而行之”，这是先行一步的远见卓识。创业初期生产 TV 板卡，在其他企业都存在账期的情况下，视源电子不拖欠款项，也不设应收账款，保证了现金流的健康流动。2008 年金融危机时，很多企业以裁员的方式开源节流，视源电子从长期利益的角度考虑，反而在这个时候招人，培养业务骨干。就是在这一年，视源电子的液晶电视显示主控板卡的业务发展成行业龙头。新冠肺炎疫情期间，视源电子非但没有裁员降薪，还投入了更多力量弥补不足。保基本民生，保居民就业，保产业供应链稳定，视源电子积极响应国家政策，扎实推进“六保”“六稳”工作，为国民经济稳定有序发展及稳定市场信心贡献了中小企业的一份力量。

创新是企业发展的根本动力和重要支撑，自主创新涉及企业生存、产业升级、行业进步，以及国家安全。无论是产品功效、关键技术还是商业模式上的创新，都能为中小企业办大事增添底气。2005 年，当大家都在用又厚又笨的 CRT（阴极射线管）显示器时，团队创始人就提出未来要将薄薄的液晶电视挂在墙上。奔着这样的目标，视源电子推动了液晶电视在国内的普及，也使全球人民更早地使用上了液晶电视。截至 2019 年，视源电子的液晶显示主控板卡出货量占据全球的 32.41%，全球排名第一，做到了全球每三台电视机就有一台在使用视源电子设计的板卡。2008 年，视源电子子公司广州视睿电子科技有限公司推出了其第一个自主品牌“希沃”；2017 年，视源电子又发布了另一个自主品牌——高效会议平台“MAXHUB”。这两个品牌推出后获奖无数，仅通过一块触摸屏就改善了无数人的使用体验。市场销量以及科技对生活的改善，无疑都是视源电子能办大事的充分体现。

在电子领域市场立足后，视源电子紧接着就在思考下一步能做什么。如果做整机又不与客户冲突，还可以从哪里入手？经过团队的一番头脑风暴，视源电子决定做应用于教育及会议场景的能够触摸的整机。当时适逢“十二五”规划要推动教育信息化，视源电子抓住这一机会，大力投入研发力量，旨在将教育信息化的应用工具用到学校中替代原来的黑板，促进全国教育的设备升级。

刘丹凤说，最开始做“希沃”这个产品时，很担心别的电视品牌也去做，因为对手在整个供应链上更有优势。视源电子要突破的不仅是技术上的难关，还有市场竞争的策略。为了让更多孩子感受到教育的便利，使交互智能平板成为每一个教室的标配，激发行业发展活力，视源电子给这条产业链的各方渠道都留下了利润空间，给自己留取的毛利相比其他大品牌低了很多，这反而使视源电子保持了市场优势。“这个产品在上市的前六年，每年的营收都翻了一番，直到现在，我们还占据了大部分的市场份额。”目前，视源电子提供的教育信息化应用工具产品已覆盖全国超过 150 万间教室，服务 400 万教师、数千万学生。2019 年，希沃交互智能平板的出货量占据全国同类产品总量的 46.18%，排名

全国第一。

无须在幽闭的空间装配操作复杂的投影，轻松触摸就可以同频会议资料，一键掌握会议要点，即便室外再光亮都不会影响显示屏的呈现效果，视源电子的另一个知名品牌——高效会议平板产品“MAXHUB”在市场上的表现丝毫不逊色于“希沃”。自 2017 年推向市场后，“MAXHUB”已经连续三年占据了同类产品销量榜的榜首位置，并且于 2019 年在央视科教频道《时尚科技秀》栏目进行了亮相。2019 年，“MAXHUB”的出货量占据全国同类产品总量的 32.87%，同样排名全国第一，广泛应用于金融、医疗、政府制造、互联网等诸多行业。

为学生和老师的教学互动提供更多可能，为会议进程带来更多便利，视源电子通过产品与技术的创新将教育信息化落到了实处，用办公智能化解决了工作日常的一大痛点。此外，针对教育信息化产品，视源电子还提供了交流互动的共享平台，偏远山区也可以获取名校名师的优质课件。革新应用场景的设备，拉平资源使用的差异，提升学习工作的效率，视源电子办成的这些大事让改变每一天都在实实在在地发生。

视源电子基于对使用场景及用户需求的洞察，不断琢磨产品的专业极限，在原本是红海的整机领域开辟出一片蓝海的天地，其关键在于视源电子对核心技术的掌握。视源电子从最开始就将自己定位为科研企业，每年对研发和创新的投入都很大。2019 年，视源电子对研发的投入已经超过了 10 个亿。目前，视源电子聚集了一批以千人计划、首席科学家牵头的博士团队，全公司技术人员占比近 60%。在超高清视频显示设备核心技术的研发上，视源电子走在了全产业乃至全球的前列。随着 5G 大规模商用的到来，数字中国的建设迎来了更大的想象空间，视源电子正在现有 4K 研发技术的基础上加快 5G 技术与现有 4K 显示设备的整合。2018 年，视源电子在 PCT 国际专利申请榜上排行第 17 位，并荣登 2019 年上半年发明专利授权量 TOP100。截至 2019 年 12 月 31 日，视源电子已拥有授权专利超过 4000 件，计算机软件著作权、作品著作权超过 1000 项。

同类产品的个中差异或许并不大，但发展理念的差异却能决定一个企业最

终能走多远。怀抱“因我们的存在，让更多人事业有成，生活幸福”的愿景，视源电子在社会责任的履行上也绝不含糊。视源电子曾在2013年为张家界多所中小学打造信息化“三通课堂”；在2014年向韶关市新丰县马头镇当地学校捐赠硬件设备；自2016年起实施的公益项目——“希沃公益行”也已经走过了全国多个省市，从设备和教学能力两方面为乡村教学赋能。2020年新冠肺炎疫情期间，在武汉火神山医院还在如火如荼、紧张有序建设的时候，“MAXHUB”所捐赠的第一批14台65寸会议平板和4名安装工程师就到达了火神山医院。2月4日，“MAXHUB”捐赠的第二批14台会议平板也被送达雷神山医院，并且顺利完成交接安装。这两批设备在远程问诊、线上会议等方面为武汉医护人员的工作带来了极大的便利。

随着视源电子实力的壮大，科研人员的背景和素质也越来越好，但奋进中的视源电子依然希望能够掌握更加核心的技术，尽可能地占据市场优势。2014年和2018年，视源电子分别成立了中央研究院及中央工程院，发挥国内外专家学者的创新主体作用，集合精锐力量深入探索基础研究和工程技术，以形成更加深厚的技术积累，强化企业自主创新能力和核心竞争力，为企业的长期高速发展做支撑。

当前，我国正处于转变发展方式的关键时期，同时也是世界新一轮科技革命、产业变革的历史性交汇期，科技竞争的角逐空前激烈，加快科技攻关、保障国家安全变得更为紧迫和重要。只有把核心技术掌握在自己手中，企业发展才会越来越有后劲，才能争取到竞争的主动性。视源电子从零部件的生产制造到成功转型整机生产，另辟蹊径将4K显示应用于教育、会议、医疗等场景，不仅在智能平板的细分领域大放异彩，为人们的工作效率带来了看得见的改观，在钻研核心技术、引领产业升级、抢占市场话语权等方面也办成了大事。视源电子实现了从0到1的突破，那么，从1到百亿便只是时间的问题。

在黄埔办大事拥有无限可能

从扎根黄埔发展至今，视源电子已经成为黄埔区、广州开发区经济增长的主力之一。它能够在黄埔区、广州开发区蓬勃发展，不仅得益于当地得天独厚的营商环境，更在于政府部门对经济发展大局的把握。

出于对发展空间以及集群环境的渴望，视源电子于2005年从其他区的一个旧厂房迁至黄埔区软件园的某一层楼。两年之后，视源电子就再次产生了增产扩容的需求。

于2005年加入视源电子的刘丹凤，一路见证了企业开疆拓土的过程，后来更是亲自负责了产业园地的建设项目。截至2020年8月，视源电子在黄埔区、广州开发区已经有了四块办公用地，而说起企业选址落脚的历史，最让刘丹凤难忘的还是要属第一个产业园的落成。

“2008年初的时候，视源电子申请拿地，全部员工也就100多人，年产值两三个亿，但我们也不清楚这样的发展规模到底怎么样。”刘丹凤介绍说，初来乍到的视源电子在黄埔还没有形成清晰的定位，但通过遵循“种子前期—种子期—初创期—高成长期—发展成熟期”这样一条发展路径，视源电子在十余年间得到了广州市政府及广州开发区管委会持续的扶持和帮助。一路走来不断收获认可与鼓舞，视源电子不仅发展的信心越来越足，发展的态势也越来越好。

刘丹凤还记得，自己在负责产业园地建设项目的时候，从什么都不懂到验收园区，只经历了8个月的时间，而这一块地的取得也体现了当地政府对绿色发展理念的践行。视源电子拿到的第一块建设用地接手自政府收回的一家化工企业用地，当时这家化工企业已经建设了一层楼，但由于种种原因，黄埔区政府从生态环保及可持续发展的角度考虑果断叫停。“有关领导召集了几个部门，亲自到现场指挥工作，这种魄力我到现在都记得。”黄埔区政府对企业的多重考量，以及区长本人的服务精神深深激励了刘丹凤，她再次下定决心，“一定要在黄埔好好干”。

依托科学的发展规划、最快的行政审批和施工投产速度，秉承惠民的生态原则，视源电子成为黄埔区“成本最低、效率最高、服务最优”营商环境的见证者与受益者。三年的时间转瞬即逝，视源电子再次产生了新的用地需求，有了第一处产业园建成落地的经验，视源电子对第二处产业园的选址更加慎重。在向区长确定了周边工厂会进行“三旧改造”之后，视源电子才最终敲定了第二块用地。

刘丹凤说，创始团队的股东很有“务实进取”的广东精神，每次在获批可以拿到更大面积的场地时，都只会根据发展规划申请适当的面积，等业务增长到确实需要新的空间时，才会去找其他的地方。“在企业创业的过程中，眼光再长远也要摸着自己的口袋办事，保证资金的健康流动。如果没有黄埔区、广州开发区千年通商、开放务实的环境滋养，以及周到的服务，我们恐怕也不会有这样的底气这么做。”聚焦发展，量力而行，视源电子迈着稳健的步伐逐渐拿下了四块用工场地，与黄埔共生共赢。

2017 年上市之后，视源电子对四块场地的布局进行了调整，将第二产业园作为总部，其他的优势业务则作为单独的子公司分散在另外三处。其中第一产业园做教育品牌，第三产业园做液晶显示主控板卡，第四产业园做会议品牌。这样一来，四处办公地点既相互独立又彼此联系，与视源电子品牌化的发展方向十分契合。

四处场地的建设过程中，刘丹凤最大的感受就是政府人员“有求必应，无事不扰”的工作作风。为此，刘丹凤还曾向有关工作人员进行询问，最终得到了这样的答案：如果政府部门单纯依靠优惠政策的比拼或是交情和关系来招商，并不能让企业真正融入当地的发展，政府人员也会因此误入歧途。但实打实地去改善营商环境，企业发展就会为当地社会经济与财政税收带来正向效益，相应地，政府工作人员的工资收入也会更高。企业与政府和谐共进的生存状态及黄埔区、广州开发区先进的服务意识让刘丹凤倍感欣喜和温暖：“原来政府人员也像我们企业管理者一样，都是帮忙解决问题的。”

在这样一种“亲”“清”的新型政商关系下，黄埔区政府、广州开发区管委会以“亲”为驱动，以“清”为规范，廓清政府作为的边界，在守住底线的同时向高线看齐，不仅企业办事神清气爽，政府也以最优质的资源和最专业的服务创建了宽容开放的政务环境，助推黄埔发展不断迈向更高阶。

在引智引技引资的招商 4.0 模式下，广州市开发区投资促进局看好视源电子的发展前景，这进一步彰显了黄埔区政府、广州开发区管委会对视源电子在能办大事上的肯定。即便用地越来越紧张，广州开发区也会在推出新政策时照顾老企业，在土地供应、知识产权、产品更新等方面为类似视源电子这样的科技企业的稳定发展提供源源不断的支持。

办大事不仅要具备一流的发展实力，也要有能够充分施展的空间。在黄埔，改革是与生俱来的基因，开放是生生不息的灵魂，创新是薪火相传的使命，中小企业在这里感受到的温度、获得感与幸福感，来自黄埔区、广州开发区不断优化的营商环境。

刘丹凤总结道："科技企业聚集在黄埔区、广州开发区是离成功最近的，不仅对我们招人有好处，而且黄埔的行政效率有目共睹，每届领导都很会为企业考虑。黄埔区、广州开发区的优惠政策实用性强，政策体系完善，很多政策的出台都走在全国前列。在这样一个全国领先的区域谋求自身的发展，我们深受感动，也更有干劲。"

厚爱黄埔，办大事更要展望未来

在黄埔工作与生活多年，刘丹凤说自己早已成为新黄埔人。从一个懵懂的小姑娘到独当一面的管理者，从孵化器里的一个小企业成长为百亿规模的科技小金人，从“有产无城”到“精品城区”的黄埔建设，刘丹凤不仅实现了更大的个人价值，见证了视源电子的崛起，也见证了黄埔区、广州开发区日新月异的变化。

来到黄埔区、广州开发区的时候，刘丹凤就感受到了平板显示产业集群发展的感染力。上下游企业的集中缩短了生产与销售的产业链条，促进了内外资企业的协调，也激励着视源电子在求新求变的道路上学习先进企业、甚至赶超先进企业。早在 2006 年，黄埔区政府、广州开发区管委会就为摆脱我国平板显示核心技术长期受制于日韩，长期花高价买专利、买上游前端高技术产品等“缺芯少屏”的局面，积极配合省市政府与 LG、三星等企业接洽，引进 LG 模组厂，不断扩大平板显示产业的“朋友圈”。2012 年，广东省各级政府领导合力攻坚，又促成 LGD（LG 显示公司）面板项目在黄埔落户。2017 年，围绕 LG 模组和面板工厂龙头项目的虹吸作用，30 多家核心厂协力向黄埔区、广州开发区聚集，带动模组、面板、OLED（有机发光二极管），以及偏光片和电气硝子、创维智能家电等上下游项目会聚黄埔，形成了千亿级平板显示全产业链的闭环，黄埔向着“世界显示之都”的目标进一步迈进。

企业与黄埔共生共荣，黄埔也为中小企业办大事赋能护航。除了完善的产业链条，创建“中小企业能办大事”先行示范区，加强粤港澳大湾区资源对接与全面合作，“民营经济 18 条”“美玉 10 条”等政策“及时雨”都助力视源电子在融资、人才引进等方面化解了发展痛点与难点。

产业发展起来了，把人留住，黄埔的建设才更有朝气，城市魅力才更有味道。“黄埔区、广州开发区的生活气息越来越浓，我非常看好黄埔区、广州开发区未来的发展，这种好不是一天两天看得见的，需要我们这一代人在这里不断地奋斗、付出、奉献，再从长远一些的时间点来看，黄埔的好一定会被更多的人感知到。”说起黄埔印象，刘丹凤很有信心。随着“1 小时生活圈”的打造、“三旧”改造的革新、“月亮经济”等景观亮化工程的实施，黄埔的城市风貌、文化底蕴与科技创新完美融合，“到黄埔去”成为更多人发自内心的声音。

“黄埔一有新的楼盘开盘我就去看，然后回来与其他管理者交流，我们鼓励并且想办法帮助员工在黄埔安居乐业。在这样一个开放、高效、又有生命力的区域工作与生活，无论对企业还是个人来说，一定还有机会办成更大的事情。”身处广州改革开放起步最早的地方及首批国家级开发区，刘丹凤对黄埔打造的经商与城建样本很是认同，她渴望看着视源电子成为一个千亿级的企业，为社会带来更多有价值的改变。同时她也希望，在全球，提到科技、艺术、文化领域的时候，黄埔的企业能够最先被想到，也期待会有更多的黄埔故事涌现出来。

经济贡献、技术领先、民生保障、绿色发展，像视源电子这样能办大事的标杆型中小企业在黄埔区、广州开发区还有很多，它们在关键领域及差异化生产方面发挥出了“长尾效应”，立足实业的根基自强自立，这些星星点点的力量汇集起来，就能为中华民族伟大复兴的事业写下生动注脚。展望未来，广大中小企业必将迎难而上，担当更大作为，实现更大的梦想。

文 / 李桐

获得的荣誉

- 首批国家制造业双创试点企业（2017）
- 国家级企业技术中心（2019）
- 《财富》中国500强（2019）
- 国家知识产权示范企业（2018年至今）
- 博士后科研工作站（2018）
- 中国民营企业制造业500强（2019）
- 广东省百强民营企业（2019）
- 中国企业“PCT国际专利申请”排行榜TOP100（2018）
- 制造业“双创”平台试点示范企业（2017）
- 广东省高新技术企业（2017）
- 广东省创新型企业（2017）
- 广东省级企业技术中心（2017）
- 中国民营企业制造业500强（2019）
- 广东企业500强（2019）
- 广东制造业100强（2019）
- 广东省中小学质量教育社会实践基地（2017）
- 广州市知识产权保护市长奖一等奖（2017）
- 首批省级双创示范基地（骨干企业示范基地）（2016）

周振

『黄埔有故事』讲述人

广州禾信仪器股份有限公司董事长

- 暨南大学质谱仪器与大气环境研究所所长（2013 年至今）
- 德国吉森大学自然科学博士
- 厦门大学化学博士
- 全国劳动模范（2020）
- 国务院政府特殊津贴专家（2016）
- 国家特聘专家（2016）
- 国家百千万人才工程国家级人选（2015）
- 国家创新人才推进计划重点领域创新团队带头人（2014）
- 南粤百杰（2013）
- 广州市劳动模范（2012）
- 广东省科学技术奖一等奖（2008）
- 军队科学技术进步三等奖（2017）

- *创造中国大型尖端科学仪器首次出口欧美的记录*
- *首次实现国产尖端科学仪器参与“雪龙号”南北极科考*
- *牵头组建“粤港澳大湾区高端科学仪器创新中心”*
- *拥有行业领先的 PM2.5 在线源解析监测和 VOCs（发挥性有机物）精准溯源技术，小时级别精准锁定污染源，为国家避免千亿级经济损失*
- *在微生物诊断领域，实现进口替代，迫使相关产品的进口单价从 320 万元降至 180 万元*

禾信仪器

做中国人的质谱仪器　推动中国质谱产业发展

少有人走的无人区

做中国人的质谱仪器——这是广州禾信仪器股份有限公司的愿景。一个企业承载起一个国家的梦想，对周振来说，这是他个人梦想的升华。

周振说，厦门大学是他梦想萌芽的地方。1987 年，周振在厦门大学科学仪器工程专业就读时开始接触质谱仪。学习之后，他发现质谱仪在中国属于非常罕见的仪器，因科学含量高、售价不菲，涉足的人少之又少。他意识到自己从事的是极少数人做的事情。后来，他有幸师从国内质谱仪器专家、分析仪器高等教育的开拓者季欧教授。季教授心系国家质谱和仪器仪表事业，对质谱学呕心沥血和废寝忘食的付出让他深受感染。周振说，从那时候起，“做中国人的质谱仪”的心愿就播种在了他的心里。

2004 年夏天，周振从美国回国创业。“这几乎是不需要特别考虑的事情，回到养育自己的祖国是自然而然的事。”周振说，尽管在当时留在美国对很多人来说有很大的吸引力，但他从未动摇过。就这样，他义无反顾地带着家人回来了，带着仅有的资料、设备和10万元的存款。这一年，禾信仪器诞生了，周振负责核心技术，和另外3名科研人员组成团队正式开启创业之路。

“我们从事的科研领域在国内属于无人区，是一条少有人走的路。”周振说，“每个创业者都是不容易的，尤其是搞科研的。”质谱仪器的研发在国外已有近百年历史，但在国内具有自主知识产权的飞行时间质谱仪的产出基本上还是“零”。同时，质谱仪器又是多种学科高度融合的成果，想要造出一台具备中国自主知识产权的质谱仪谈何容易。

尽管，十多年的技术专业积累，让周振的底气十足——1987年进入质谱仪研究领域，从一个螺丝开始自己动手制作仪器；20世纪90年代，在德国深造的他曾研制出垂直引入式飞行时间质谱分析器，分辨率达到20000 FWHM，为当时世界最高水平，但现实的打击来势汹汹，让人措手不及。

2006年，公司资金严重短缺，他不得不变卖自己的住房和车辆补贴公司，再加上人才的严重不足，公司一度举步维艰。“做中国人自己的质谱仪”这一远大理想遭到几乎整个行业的质疑。对此，周振说，作为创业者一定要比常人更具备奋斗和拼搏精神，他对创业中的困难和挫折都有心理准备。且视他人之疑目如盏盏鬼火，大胆去走自己的夜路，周振带领团队心无旁骛地投入研究中。终于在2009年，周振以卓越的行业贡献被选入国家重大人才工程，团队也因此拿到了第一笔500万元的科研风投。公司资金短缺的压力随之缓解，得以继续迎风前行。

如今，整整16年过去，禾信仪器从基础为零的行业空白中成长起来，由4个人发展到现在的近500人的团队，其中技术研发人员近1/4，并入选“国家创新人才推进计划——重点领域创新团队”。禾信仪器犹如一位虔诚的匠人，默默打磨技术，一步一个脚印，深耕务实。每一步都聚合在一起的力量是可怕的也是强大的，周振说，创业中的每一步都同等重要，没有最重要。这些年，他个人获发明专利授权26项、发表科技论文140余篇。其主导研发的产品连

续入选“十一五”“十二五”国家科技重大成就展，服务于全国130多个城市大气环境监测。

同时，禾信仪器的一系列卓越成就也让行业内人员刮目相看。2010年，禾信仪器研发出主要用于空气检测领域的在线单颗粒气溶胶质谱仪，只需半小时就能“捕捉”到大气中PM2.5的污染源。到2016年，该仪器售出超过100台，在全国100多座城市中得到应用。

在2010年广州亚运会空气质量保障、2012年粤北血铅事故溯源、“东方红Ⅱ号”黄渤海科考研究这些大型外场应用中，周振带领他的团队发挥了关键作用，全面实现数据快速处理、在线动态源解析等关键功能。

2017年，周振将一台“中国制造”的高端质谱仪卖到美国市场，创造中国大型尖端科学仪器出口欧美的首次记录，让行业为之一震。

那是一台在线单颗粒气溶胶质谱仪，那时，一家美国的科研机构在全球市场进行采购，“当时，全球能做这种仪器的总共只有两三家，而能够批量生产的只有我们一家。”周振回忆说，卖出这样一台仪器太有意义了，它代表着禾信仪器的技术得到国际认可，更对整个行业科研人的信心有巨大的鼓舞作用。如今，国内涉足质谱仪领域的企业越来越多，其中不少都是受到了他的影响。

创业者没有什么高光时刻，一切都是在“枪林弹雨”中穿行。周振说，现在的他依然保有最初创业时的心态，办企业和科研创新一样永无止境。不得不说，无论是作为科研人还是企业家，周振身上流露的质朴务实的实干精神，把企业科研发展和国家整体科研水平紧密相连的大格局，注重持续自主科研创新能力的意识，以及面对国外领先科技和中国现状差距的锲而不舍和从容不迫，都彰显着他高科技基业长青的企业大家风骨。

令国人骄傲的首创技术

目前，禾信仪器已经全面掌握具有完全自主知识产权的飞行时间质谱核心

技术和全套装配工艺，多项质谱技术及产品填补了国内甚至国际质谱领域与高端环保仪器行业的空白。同时，禾信仪器还建成了我国第一个飞行时间质谱仪器开发平台及产业化基地，连续成功开发了不同应用领域的 8 种质谱仪。其中，1 项仪器为国际首创，1 项达到国际商品仪器水平，1 项达到国内领先水平。

2017 年，禾信仪器的质谱仪器以国产第一台高端质谱仪器的名义参加了“雪龙号”南北极科考。这是“雪龙号”首次使用国产高端科学仪器，也是国产高端科学仪器第一次用于远洋科考。它可以直接测量空气中细颗粒物（如 PM2.5 等）的直径和化学成分，从而追溯大气污染的源头。周振介绍说，曾经“雪龙号”上全部都是外国的仪器，该质谱仪器放上去后收集到很多数据，这些真实有效的数据承载着珍贵的信息和重大的科考意义，是我们中国科学考察能力最掷地有声的证明。

环保一直是国家重视的问题。禾信仪器拥有全球唯一的空气污染在线来源

解析监测技术，该技术可以小时级别精准锁定污染源，有效防止了“一刀切”，已为国家避免千亿级经济损失。打响“蓝天保卫战”的重要“武器”——主要用于空气检测领域的在线单颗粒气溶胶质谱仪，可以在 1 秒内测量出空气中的几百种污染物质。如果将它放在车上巡航，可以快速画出城市污染情况的“地图”。

周振补充道，国家现阶段提出的环保治理是 PM2.5 和臭氧（O_3）的联合防治。现在出现蓝天的时候越来越多，是因为过去有效治理了 PM2.5，但是环保问题依然是重中之重。未来的空气检测会重点放在臭氧的检测和治理上。禾信仪器目前研发的臭氧仪器能够以最低的成本快速地把污染源找出来。周振相信，禾信仪器质谱科技一定会助力国家打赢“蓝天保卫战”。

近年来，我国突发环境事件频发，环境风险十分突出，对群众生命财产安全和社会稳定造成潜在威胁。当应急事件发生时，亟须快速、高灵敏、物种全覆盖的应急监测技术，可快速、准确地评估事故现场的污染程度及扩散状况，为提出针对性的应急管控策略提供数据支撑。在此需求下，禾信仪器大气 VOCs

秒级多组份走航监测系统应运而生。

该技术以车辆为载体，搭载秒级多组份在线挥发性有机物质谱仪，可实现对大气环境中挥发性有机物的边走边测，VOCs 走航车在行驶过程中可在数秒内获取 VOCs 及每种组分的浓度数据，空间分辨率精确到“米”，实时绘制出挥发性有机物的区域污染画像，物种、浓度、位置、时间一一对应。为事故处置决策提供及时、丰富、动态现场信息。

发生应急事件后，VOCs 走航车立即围绕事故中心进行近距离原位走航监测，实时反馈事故点附近大气中各种挥发性有机物浓度值。明确主要污染物种及其空间分布，第一时间掌握污染特征及扩散趋势。随后以事故点为中心，分别以 500 米、1000 米和 2000 米为半径划定高危区、危险区及警戒区，形成分级检测机制，并初步划定各区域的敏感点位，走航车对区域边界进行走航监测，结合气象因素评估污染物扩散范围。最后对区域内的敏感点进行重点监测，尤其是事故点下风向区域。通过对敏感点位的走航巡查与定点监测，掌握关键物种的变化及消散情况。根据监测物浓度的变化情况，实时更新高危区、危险区及安全区的范围，及时调整应对策略，直至大气 VOCs 浓度恢复到安全水平。

周振介绍说，应对污染事故，最好的措施是预防。通过建立 VOCs 走航业务化巡查体系，可及时捕捉环境中挥发性有机物的“风吹草动”，实时报警，指导快速决策，将事故遏止在萌芽中，保障人民群众生命和财产安全。禾信仪器研发的这一体系同样适用于城市 VOCs 无组织排放管理。针对国控点周边、工业园区等重点区域，快速进行污染画像，锁定问题根源，明确污染特征因子，明确管控重点，可有效降低 VOCs 无组织排放监管压力。在夏季这个臭氧污染的高发期，结合污染画像及管控清单，动态调整应急走航的方向和区域，可及时发现重点污染源，制定针对性管控政策，并进行管控效果评估。

目前大气 VOCs 秒级多组份走航监测系统，已支持全国二百多个城市进行污染排查工作，曾在多次突发环境应急事件中快速出具现场污染数据，绘制污染地图，为污染事故处置提供宝贵的数据支持。大气 VOCs 秒级多组份走航监测系统，能够在环境应急事件中，对周边环境实现从静态到动态、从小尺度到大尺度的现场快速检测，可用于应急监测、安全评估和日常业务化巡查等多个场景，为应对环境应急事件提供强有力的科学数据支持，为企业园区的安全生产保驾护航。

周振表示，今后禾信仪器将从环保领域进一步拓展到医疗卫生、食品安全、海关检测检疫等领域。比如今年肆虐全球的新型冠状病毒，就需要仪器和手段快速判断病毒来源，锁定污染来源，以此达到靶向溯源。通常这一类的检测项目，费用巨大且耗时耗力，一天费用十万，如果一直找不到，一个月三百多万元的费用就此作废，这无疑是莫大的损失。

“目前，禾信仪器在微生物诊断领域已实现进口替代，迫使相关产品的进口单价从320万降至180万，帮助国家和企业节约了巨额成本。”周振说，未来，禾信仪器会投入整个病毒检测平台的研究中，着力开发核酸检测平台，这是禾信仪器以后最重要的发展方向之一。“现在开始加速，要打通上下游，巩固硬件基础，特别是关键零部件生产和新型的核心技术研发。我们希望将十多年经验传授给其他团队，让其更快发展起来，同时推动整个质谱产业的发展。”

目前，世界前8家质谱仪企业占了全球市场份额的80%以上，周振希望自己的禾信仪器能用10年时间进入全球前列，更企盼的是整个行业的发展也能焕然一新：“目前国内市场的国产率只有百分之几，到时候国内市场上国产产品可以达到一半，别人没做过的自主创新产品可以占10%。”

据悉，禾信仪器总产值规模已过两亿，在企业发展的思路上，周振说，科研越往上走越知道国家在某方面的缺乏，这些空白往往都是“卡脖子”的技术，整个国家的技术提升是需要一批人坚守在最前线的。他和他的研发团队会继续向更精细、更精密和更尖端的技术攀登和发力。他说，有些技术，比如涂料、家具和化工产品的挥发气体的快速检测，发达国家在过去20年就已经掌握，国内却少有人尝试。通过这十多年的努力，禾信仪器已经做出性能优于国外的同类产品，能更精准地对污染源进行判断。他和他的团队希望通过切入这一细分市场，保证企业发展、培养国内人才，同时为更加通用化、多样化、尖端化的质谱仪的研制提供基础。

在质谱领域，全中国只有禾信仪器具备这样的能力，没有禾信仪器的先行探索，国家在质谱仪器领域的研究水平将倒退20年。质谱仪器影响力大，是高精尖技术的典型代表，也是国家科技发展水平的重要标志之一。周振坦言，目前国内的质谱技术发展与国外仍有差距，但禾信仪器人不会退缩、放弃，会正确认识质谱仪器行业面临的挑战和实现目标的路径，为建立国家级的质谱创新中心而努力奋斗。

高新企业的摇篮

改革开放40年来，广州发生了翻天覆地的变化，与伟大祖国共同进步。黄埔区、广州开发区的迅猛发展生动诠释了各行各业奋斗者逢山开路、遇水架桥的开拓精神。

新时代、新形势下，黄埔区、广州开发区积极响应国家政策，深化看齐意识，把地域视野升华为国家格局。坚持基本经济制度，坚持深化改革开放，把“专精特新”作为引领高质量发展的重要路径。支持中小企业聚焦实业、做精主业，走“专精特新”发展之路，成为专业化“小巨人”企业，推动实现大中小企业融通发展。把创优环境作为支持中小企业发展的重中之重，对大中小企业平等对待，帮助它们扫除制约发展的壁垒，优化资源要素配置，维护企业合法权益，打造最优营商环境。

2001年在第四届中国广州留学人员科技交流会上，周振得到傅家谟院士的赏识并受引荐进入中国科学院广州地球化学研究所做研究员，之后创业顺理成章选择了广州。遥想创业初期，周振没有“谁怜创业难”的感慨，更多的是满腔的感激。周振回忆说，最开始的时候除了脑袋里的技术、创业的勇气和激情，别无他物。

回忆初至黄埔区、广州开发区时周振提到，管委会负责人在和他深聊之后对质谱技术表现出高度重视。十多年前，中国的中高端质谱仪器市场一直为国外公司垄断，周振意识到这会是中国面临的“卡脖子”关键技术。基础科研深度决定一个国家的原始创新活力，周振“做中国人的质谱仪器”的创业初心让黄埔区政府、广州开发区管委会为之振奋和动容。于是，他们竭力给予他帮助，如提供办公场地，帮忙招聘人员，以及和相关专业人才对接。为了节省开支，周振每天骑着自行车上下班，一骑就是好多年。周振说，广州开发区管委会在前期大量的投入中体现的“先舍后得”的精神让禾信仪器有了稳定的根据地，这种长远发展的支持和信赖对企业来说是赖以生存的保障，对创业者来说更是莫大的精神动力和信心。

万事开头难。创业初期，资金一向是企业老大难的问题。创业者难获得风险投资，而要持续创新又必须投入大量经费，如研发费用、日常开支，以及产品试用与市场调研费等。资金缺口成为这个阶段最大的瓶颈。许多企业都会在这个阶段的后期出现“市场失灵”问题，遭遇创新的“死亡谷”——这是企业创新最为艰难的节点。2009 年，禾信仪器就遭遇了这样的“死亡谷”。那时候，由于国内质谱领域的长久空缺，打开市场之路漫长且艰辛，持续不断的科研创新几乎耗尽所有经费，摇摇晃晃成长的禾信仪器举步维艰。而这时候，广州开发区管委会联合广州市科技局战略性科技风投雪中送炭，让禾信仪器再次渡过了经营难关。

其实，黄埔区、广州开发区一直在探索制定企业在不同成长阶段的各项帮扶政策，广泛听取企业心声，积极和江浙一带地区保持交流，有的放矢拓宽扶持广度和深度。经过长期的探索，该区提出了科技企业成长路计划，构建了企业“种子前期—种子期—初创期—高成长期—发展成熟期”的全方位的科技创新体系。重点设立了高成长型中小企业贷款贴息专项资金、科技型中小企业信贷风险补偿资金池，帮助企业解决融资难问题，降低企业融资成本。周振说：“在黄埔区、广州开发区这片园区，禾信仪器一开始是在孵化器中的，后来企业规模壮大了，广州开发区管委会又积极把我们引入加速器，并给予配套的税收优惠、融资贴息、人才补贴等优惠政策，现在又给了一块地，帮助我们自建产业园。所有这些，对禾信仪器的发展都有很大的促进作用。”目前，禾信仪器通过“资金池”共获得了银行贷款 2000 万元。

2020 年 7 月，投资 1.5 亿的禾信仪器质谱产业化基地正式封顶。这标志禾

信仪器将进入一个新的发展征程。园区的顺利开工建设离不开黄埔区、广州开发区的帮助，周振说，“当时，区政务服务中心对大部分行政审批和备案事项实行承诺制信任审批，在我们书面承诺符合审批条件或承诺在规定时间内达到审批条件的前提下先予以审批，大大缩短了工程筹建的流程时间，加快了工程的建设速度。同时，推出了补材料‘替你跑’政务包邮专递红利，避免了企业办事跑断腿的情况。”

目前，禾信仪器年销售收入持续增长至两亿大关，是国内质谱仪器细分领域的龙头企业。作为企业领头人、行业领航人，周振对于人才相当重视，大力吸纳。目前，政府颁发的一系列政策，包括人才纳税优惠、人才认定、团队项目、人才绿卡、外国高端人才项目等，有效解决了企业引进人才的问题。周振说，质谱本来就是冷门行业，人才可以称得上财富。针对稀缺性科研人才，政府的扶持也是很实在，近年来，禾信仪器获得了国家科技部、广东省科技厅、广州市人力资源和社会保障局、黄埔区工业和信息化局、黄埔区科技局一系列的人才团队项目扶持，如2019年科技部高端外专项目、2019年“广东特支计划”本土创新创业团队和青年拔尖人才项目、广州市高层次人才、广州市珠江新星、广州市黄埔区促进先进制造业发展企业高管奖、博士后启动经费及生活补助等。最近，广州市发布的《广州市关于粤港澳大湾区个人所得税优惠政策财政补贴管理暂行办法》《关于广州市外国高端人才工作许可和居留许可一窗式办理公告》等政策，有序实现人才减税、减少证件办理时长等目标。

综合多方面考量，周振说到，当初把创业基地定在黄埔区、广州开发区，现在看来是一个明智决策。作为一家规模化正向研发的专业质谱仪器企业，切实享受到高新技术企业税收优惠、研发费用加计扣除优惠、增值税税收优惠，缓解了经营成本上的巨大压力。“黄埔区、广州开发区是高新企业的首选，科技企业的摇篮，广州再没有其他更合适的地方了。”周振说，黄埔区、广州开发区聚集了整个广东最好的科研企业；同时，这里经济发达，领导重视科创事业、很有战略眼光，非常适合科技企业的创新和发展。

展望未来，周振坚定地表示，首先，继续在质谱领域深耕发展，做中国人的质谱仪。其次，努力做成中国质谱仪的标杆型企业。他说，现在国内对质谱仪的需求已经起来了，他希望未来七八年时间里，禾信仪器能发展壮大做到全球前八并建立质谱产业生态圈和国家级实验室，并使之成为质谱行业的黄埔军校。他相信，有锲而不舍的科研追求和黄埔区、广州开发区的帮助加持，禾信仪器实现家国梦想，指日可待。

文 / 王彩

获得的荣誉

- 工信部首批专精特新“小巨人”企业（2019）
- 广东省质谱仪器工程实验室（2019）
- 中国专利优秀奖（2018）
- 中国机械工业科学技术奖一等奖（2018）
- 广东省科技进步一等奖（2018）
- 国家鼓励发展的重大环保技术装备依托单位（2017）
- 广东省级企业技术中心（2017）
- 广东省创新型企业（2017）
- 广东省高新技术企业（2017）
- 中国仪器仪表学会科学技术奖一等奖（2015）
- 博士后科研工作站（2015）
- 国家创新人才推进计划重点领域创新团队（2014）
- 广东省大气污染在线源解析系统工程技术研究中心（2014）
- 广东省飞行时间质谱仪（禾信）工程技术研究中心（2013）
- 国家火炬计划重点高新技术企业（2012）

徐金富

『黄埔有故事』讲述人

广州天赐高新材料股份有限公司创始人、董事长兼总经理

- 广东省浙江富阳商会会长（2014 年至今）
- 湾区精神杰出企业家（2018）
- 广东省十大创业领袖人物（2017）

- *作为中国洗涤用品行业最具影响力的原料供应商，全球50多个国家和地区的18亿人每天在用的洗护用品中，都有它的身影*
- *它是中国最早的锂离子电池电解液供应商之一，是国内首家、全球少数具备精提六氟磷酸锂规模化生产能力的电解液供应商，还是全球电解液龙头企业*
- *与国内外知名企业建立合作关系，卡波年产量稳居全球第二，电解液销售量自2014年以来稳居全球第一*

天赐材料

以完美品质享誉全球的精细化工材料供应商

日常洗护用品与化妆品每一天都在为我们的美丽保驾护航，锂电池的身影在生活中也必不可少，但你是否知道，这些产品所使用的基础材料几乎都与天赐材料这家致力于研发、生产和销售精细化工新材料的企业息息相关呢?

自2000年成立并落户黄埔以来，天赐材料一直以“创造完美品质”为使命，为个人护理品生产商提供技术服务与原料供应，并逐渐成长为中国洗涤用品行业最具影响力的原料供应商。2004年起，天赐材料高瞻远瞩地向锂电池材料领域拓展，聚焦于为锂电池提供全方位的电解液解决方案，一举成为新能源汽车行业爆发式增长时期的最直接的受益者，奠定了它在电解液行业的领先地位。截至目前，天赐材料已经拥有了自主知识产权、核心技术和自主品牌，与国内外知名企业建立了合作关系，构建了全国性的地域供应系统，在全球范围

内形成了强有力的核心竞争力。严格标准并以独门技术占领细分领域市场，与世界一流厂商竞合，从“跟跑”“并跑”再到“领跑”，以天赐材料为代表的这类中小企业在成长过程中不断超越自我，不仅办成了很多大事，还成为市场中不容忽视的一匹黑马。在黄埔，天赐材料的故事仍在精彩上演。

从头再来获新生

2000 年 6 月，天赐材料在黄埔区、广州开发区成立。经过了道明化学研究所完成资金积累，回家乡进行第二次创业失败的重创，借钱回到广州的徐金富重整旗鼓、总结经验，从贸易开始逐渐涉足生产研发，在材料领域足足积淀了 5 年才第三次走上了创业的道路。

“自古雄才多磨难”，走过的弯路、犯过的错误都让徐金富变得更沉稳也更有远见。中小企业拔节生长，每一步都面临严峻的考验，有了稳定可靠的发展环境，企业才能在积累和沉淀中壮大力量。“中小企业建工厂不容易，黄埔区云埔工业区与增城区交界，比较偏僻安静，对做实业的企业来说环境比较稳定，我们不希望有太大变动。”带着长远的发展目标，以及对黄埔区、广州开发区工业环境的认可，徐金富决心扎根广州开创天赐材料的未来。

落地黄埔之后，天赐材料就步入了快速发展的通道，依托广东雄厚的制造业基础及庞大的市场需求，三年之内天赐材料就接连获得了“广州市高新技术企业”“先进私营企业”“广州市民营科技企业认定书”等荣誉。尽管当时中国日化材料的市场规模并不大，但天赐材料一开始就做到了同时为生产商提供配方和材料，带着自主创新的意识积极争取同跨国公司合作与学习的机会。“这个世界永远是大的帮小的，苛刻的要求反而是对我们的帮助，但我们自己也要有基本的能力。”说起与跨国公司的合作，徐金富颇有心得，他介绍说，大公司在开始的时候会考察中小企业的水平，如果连50分都没有肯定直接走掉了，过段时间再回访，如果能够达到60分，大企业就会提出更多要求、传授更多技能，带领中小企业向前走。

从产量足够大、毛利率比较稳定的洗发水材料和沐浴露材料切入，精研技术与品质，跟随大型跨国企业的节奏成长，天赐材料的发展不断揭开新的篇章。2002年，天赐材料通过了ISO 9001:2000质量管理体系认证；2004年，天赐材料又通过了ISO 14001环境管理体系和OHSAS 18001职业健康安全管理体系认证，建成的首栋办公大楼也投入了使用；2006年起，天赐材料积极推进SHE（健康、安全与环境一体化）体系的建立，通过高标准的德国莱茵认证对ISO三体系进行改进和提升；2007年，天赐材料开始实施国际化战略，凭借高效的生产供应能力和优良的产品品质，与蓝月亮、宝洁、联合利华、欧莱雅等更多的国内外知名企业建立了合作关系。2016年，天赐材料在日化材料领域实现了逆市增长，增速超过行业平均增速的2倍以上。2017年，天赐材料正式宣布进入彩妆和膏霜领域，继续扩大“美”的事业。这一路走下来，天赐材料早已成为中国洗涤用品行业最具影响力的原料供应商。

在力量还弱小的时候，天赐材料苦练内功，向行业顶级标准看齐，打下了扎实的发展基础。天赐材料脚踏实地遵循市场规律与行业趋势，2015—2019年将日化的年增长基本维持在了10%至15%之间，精益生产将美丽带到全球的每一个角落。尽管日化行业在过去不太受到关注和重视，但随着人们对美的向往以及对生活的要求越来越高，徐金富认为日化品还会迎来新的增长。无论从产品效能还是从行业影响力来说，天赐材料都将发挥更大的作用，做出更大的贡献。

中小企业迈向高质量发展，除了要有办大事的志向，更要打好基本功，学习先进经验，静心沉气地走好每一段路，在大机遇来临时才会有能力把握住。天赐材料的成长过程有力地证明了这一点。

前瞻入局新领域

选择比努力更重要，高瞻远瞩的战略眼光与当机立断的行动魄力是中小企业抢占先机、办成大事的助推器。这需要巨大的勇气和日积月累的历练。

锂电子电池材料似乎与日化材料相差甚远，天赐材料却在这一领域也走在了龙头的位置。日化材料兴盛的发展势头并没有使徐金富迷失在财富的漩涡中，早在2003年，他就敏锐地洞察到了锂电池的商业价值，精准地把握住了这一趋势，躬身入局，高瞻远瞩地布局组建锂电池电解液的研发与生产。“那个时候没有电动汽车这一说，只有手机上各种各样型号的电池。当时做电解液研发就是从战略角度去看整个趋势。”在徐金富看来，锂电池对铅酸的取代具有历史必然性，各种移动终端对锂电池的需求量很巨大，从生意的角度来说，锂电池具备发展潜质，在生产逻辑、客户服务等方面与日化产品是一致的，并没有脱离材料学的整体逻辑。快准狠地跨入一个新的领域，天赐材料对市场的这种判断和把握甚至超前了很多人企业。后来的事实也证明，天赐材料通过对电解液原材料纵向一体化的构建产生了极大的竞争优势。

紧紧牵住核心技术自主创新这个“牛鼻子”，中小企业的发展才不至于受制于人。生产电解液最关键的原材料是六氟磷酸锂，而早在2007年，天赐材料就开始了对六氟磷酸锂的布局。2010年，天赐材料成为上海世博会锂电动汽车的主要电解液供应商之一。2011年初，天赐材料的锂离子电池材料全面进军锂电动力市场，成功实现了六氟磷酸锂的量产，打破了日韩企业在这一领域的长

期垄断，成为国内首家、全球少数具备精提六氟磷酸锂规模化生产能力的电解液供应商。2012 年，天赐材料的电解液成功进入国际动力电池市场。2013 年，天赐材料将晶体六氟磷酸锂投放市场，再次成为全球一线客户的优质供应商。2014 年，天赐材料在动力锂电市场份额的占有率保持在全国第一。2016 年，天赐材料的电池材料产销量再创新高，蝉联全球第一。2019 年，天赐材料不仅产出了新型锂盐 LiFSI（双氟磺酰亚胺锂），高电压和高镍三元动力电解液配方技术也取得了重大突破。截至目前，全球前 12 大锂电池公司里有 9 家都是天赐材料的客户。瞄准核心技术，专注在行业高端领域拓荒，天赐材料不仅为企业自身的发展争取到了主动性，也令天赐材料的未来拥有了更多可能。

除自主研发外，天赐材料还通过入股江苏容汇通用锂业股份有限公司确保碳酸锂供应，控股广州中科立新材料科技有限公司和江西艾德纳米科技有限公司从而获得了有机硅电解液完全自主产权的物质专利，同时完成了对正极材料的布局及电解液配方产品研发能力的提升；通过增资张家港慕吉特获得了领先的电解液阻燃剂技术。这一系列行为都使天赐材料的锂电池电解液在品质、耐用性和安全性上实现了质的飞跃，战略布局也得到了进一步的完善。天赐材料也因此能够在后来新能源汽车行业爆发式增长的时期成为最直接的受益者，在全行业确立领先地位。

科技的创新发展离不开高端智力资源的支撑，黄埔区、广州开发区在改革开放的多年经验中不断升级引才政策，依托广东珠江人才计划、特支计划，广州市产业领军人才集聚工程、“红棉计划”等重大人才项目，以“美玉 10 条”政策，“上管老、下管小”的人才服务品牌，借助一批处于“金字塔”顶端的人才影响力强化区域投资“引力波”，带动核心产业项目进驻，促成新材料科技成果在区内实现转化。这些举措也为天赐材料带来了良好的指引。引进人才钻研技术、建立实验室；与浙江大学、哈尔滨工业大学、中山大学、华南理工

大学等国内知名高校建立广泛的合作关系；与国内外其他企业合作，消化、吸收新技术……掌控核心技术为天赐材料带来了成本优势，天赐材料在这一过程中也承担了多项国家、省、市级课题，科研成果众多。其中，“锂离子电池过充安全型功能电解液的开发与应用”项目被国家科学技术部列入“国家火炬计划项目”；“锂离子电池功能电解质的研究与产业化应用”项目获得了广东省科学技术奖一等奖。

天赐材料不仅仅追求技术的创新，还聚焦于为锂电池提供全方位的电解液解决方案。徐金富介绍说，天赐材料的电解液没有固定的配方，都是根据客户对产品性能的要求个性化制造出来的。随着配方的变动，电解液也不断升级换代，以满足下游市场的需求。目前，天赐材料已经形成了“碳酸锂—六氟磷酸锂—电解液”的纵向布局，打通了“碳酸锂—碳酸铁—碳酸铁锂”横向产业链，构建了“电解液—正极材料”的横向布局。这种产业链的双向布局不仅能够发

挥协同作用，实现客户资源的高度共享，同时还能助力天赐材料更好地掌握正极材料和电解液之间的搭配，提高产品竞争力。在此基础上，天赐材料以后还会继续对锂电平台和供应链的布局进行完善。

与黄埔共生创辉煌

能够成为中国领先的精细化工材料供应商，徐金富认为这是“天时地利人和”的结果。“天时”是因为天赐材料进入日化材料与锂电子电池材料的时间均相对较早；“地利”在于广东省自 20 世纪 90 年代以来日用化妆品行业就领先于国内其他地区，锂电行业的起步也很早，再加上身处“工业一哥”黄埔区、广州开发区这片热土，天赐材料不仅获得了政府在资金、技术与政策上的支持，还拥有了充分成长的时间与空间；“人和”则在于天赐材料研发人员不懈努力促进生产系统的不断升级。

徐金富回忆说，早在 20 世纪 90 年代，黄埔区、广州开发区就提出了“一切为了企业”的口号。2000 年来到黄埔的时候，天赐材料的工业类型相对较新，但黄埔区各领导对工业的理解比较清晰，无论在科研建设、干部落地还是后勤保障方面，都给到了天赐材料很多支持。随着城市改造及民生建设的深入推进，黄埔的“月亮经济”被点亮，视觉环境也越来越好，“有山有水有风光，生产生活有生态”的区域风貌得到了众多企业家和市民的赞赏。

在黄埔风风雨雨二十载，徐金富对社区关系产生了独到的理解。“社区关系是企业非常重要的一个工作，这个概念比较广泛，一方面，员工在企业内部的社区应当能够实现安居乐业，另一方面，企业也要守法纳税，参与社会福利事业，对当地社区做出正向贡献。”为此，天赐材料积极主动地将自身纳入社会大系统的循环中，不仅为黄埔区、广州开发区的经济创收做出了巨大贡献，更是用心履行社会责任。2016 年，天赐材料成立了“天赐材料爱心互助基金会”，对遭受重大疾病、意外伤害或家庭困难的员工及其父母、配偶、子女进行专项援助。也是从这一年开始，天赐材料每年组织志愿者前往广东省清远市连南县蜈蚣田村龙翔小学以及广州龙头山寿星院开展慰问活动。截至 2020 年，在基金会成立的五年间，天赐材料坚持“乐中予人，予中立人”理念，共呼吁天赐材料人及社会伙伴完成了多次专项援助，总援助金额超过 20 万。

除了承担社会责任，徐金富认为企业发展最重要的就是要跟随社区的发展而发展，在时代前进的潮流中前进。徐金富介绍说，刚来到黄埔区、广州开发区的时候天赐材料所在的地方属于三类用地，但现在已经转为了一类用地，黄埔区整体的发展正朝着技术创新、研发，以及总部经济的方向发展，天赐材料将积极配合广州开发区管委会的安排，对现有用地进行升级改造。

2020 年，黄埔区、广州开发区深入实施乡村振兴战略，争创广东省城乡融合发展改革创新示范区，推进了广清经济特别合作区“一区三园”的开发建设，打造政策叠加、利益共享的跨区域合作“广清样板”。在此政策下，天赐材料计划根据黄埔区政府的规划，于 2025 年将生产基地移至广佛产业园。这一新的生产基地的占地面积在天赐材料现有生产基地的三倍以上，而扩产扩能后的效益也会更高。随着广州开发区总部经济的日渐成熟，“工厂总部化”的发展步伐进一步加快，科学城傍山总部经济带正在形成，城市形象、财富汇聚、创新功能也在同步提升。在这样的环境下，天赐材料现在的办公地点则会作为总部，着力向运营中心和研发中心转型。

资源是企业成长的土壤，也是科技创新的基础。黄埔区在企业产业链的延伸及发展壮大的过程中也面临“无地可用”的紧张局面，在区域特有的优势上进行集群布局有利于实现企业价值链以及区域资源的最优空间耦合。天赐材料业务的扩张适逢开发区对存量用地进行二次开发的探索，广佛产业园的兴建为天赐材料的生产提供了广阔的发展空间，总部经济策略也为天赐材料转换发展动力打下了坚实的基础。

目前除了黄埔区、广州开发区外，天赐材料还在九江、天津、宁德、东莞等地拥有多个生产基地，已经构建完成了供应链整合及一体化运营的全国性地域供应系统，具备强大的柔性交付能力。未来，天赐材料还将在捷克设立生产工厂，为海外的车企、电池工厂提供就近的生产服务，利用自身技术优势积极参与国际竞争，高质高效响应客户需求。

一路走来，天赐材料始终坚持客户导向，个性化为客户解决新问题，这个过程不仅产出了诸多创新成果，也不断提高了研发人员的整体素质。目前，天赐材料科研人员占比达13%，每年的研发投入也占到了营业收入的4%到5%，拥有国家级企业技术中心、院士工作站、博士后科研工作站、广东省精细化工材料工程技术研发中心、广东省企业技术中心、广东省动力锂电池电解质材料工程实验室、电化学储能材料与技术教育部工程技术研发中心，承担过国家发改委第二批产业振兴和技术改造项目、国家工信部新能源汽车产业技术创新工程项目，已经形成了具有国际竞争力的精细化学品研发、生产和销售的总体能力，建立了以研发引导技术、以技术推动产品的发展模式。

中小企业能办大事，不只在于发展有活力，还在于前进有定力。扎实的内功成就了天赐材料的辉煌，天赐材料的脚步却始终稳健。“锂电是一个波澜壮阔的生意，竞争格局每天都会发生很大的变化。这个市场很大，我们能占到全球市场的30%到40%的份额就足够了。这是一个比较好的临界点，也能形成有序的竞争。”面对大量的资本涌入锂电池领域的局面，徐金富依然保持着理性冷静的判断，不令诱惑遮望眼，在看好新能源汽车前景的前提下专注于发展自身的核心业务，提升核心竞争力争取走向国际化的更大平台。

步履不停，办大事是日常追求

带着等不起、坐不起、慢不得的紧迫感和危机感，天赐材料在日化材料及电解液领域都做到了全球领先，这也得益于黄埔区、广州开发区这块宝地对企业能量的充分释放。依托“一带一路”倡议，粤港澳大湾区建设等国家战略，深圳建设中国特色社会主义先行示范区等区位优势和产业基础，黄埔区、广州开发区主动担当了富有活力的“改革创新闯将”，在产业体系同链、科技走廊同建、政策发展同创等方面打造了具有说服力的黄埔样本。截至目前，黄埔区、广州开发区在财税收入、营商环境指数、科技创新实力，以及上市公司数量等指标上，均排名全国经开区第一，显示了强大的区域经济活力和实力。

新冠肺炎疫情发生以来，国内外面临诸多的不确定性，但黄埔区、广州开发区第一时间就出台了“暖企 8 条”“稳企 6 条”“新基建 10 条”，率先实现了规模以上工业企业 100% 的复工复产，创新各种办法为企业发展注入强大的信心和保障。针对这场百年未有之大变局，习近平总书记在企业家座谈会上指出：“我们必须集中力量办好自己的事，充分发挥国内超大规模市场优势，逐步形成以国内大循环为主体、国内国际双循环相互促进的新发展格局。”对此，黄埔区、广州开发区于 2020 年 8 月出台了“助力国内大循环 8 条”，在全国率先发布《广州市黄埔区、广州开发区、广州高新区深化供给侧结构性改革助力国内大循环若干措施》，着力推动强链补链固链，增强产业链供应链的稳定性。快速反应，推陈出新，积极作为，精准施策，黄埔区、广州开发区作为企业发展的坚强后盾，无疑为包括天赐材料在内的 2 万多家中小企业提供了最强有力的支持。

在这样的发展环境下，一路披荆斩棘的天赐材料于 2014 年成功挂牌上市。作为“尖子生”企业，天赐材料营业收入在过去的十年间实现了十倍的增长。对于未来，天赐材料仍然希望营业收入能够持续稳步增长，并且能作为国家龙头企业引领新能源锂电行业和日用化学品行业快速发展。黄埔区政府、广州开发区管委会持续在经济、科技、政务及民生的改善上不断发力，天赐材料更加有信心提前完成这个目标，并且与更多的大型企业合作，站在国际舞台上进一步发光发亮。

“所有大的企业都是从中小企业过来的，这个基础打好了才能够长大。大型企业在战略、资源和技术的灵敏性上具有一定优势，但中小企业则是更为灵活的。”虽然天赐材料目前的发展距离成为大型企业还存在一些差距，但徐金富对于中小企业能办大事的作用十分肯定。在他看来，中小企业的种类多、触角广、规模不大却极具特色，很多大型企业之所以会收购中小企业，也是因为中小企业在某一块做得很专、很特别，活跃度更好。大企业要不断通过创新谋求生存，中小企业更该如此。因此，天赐材料从未放下对技术创新的追求与思变。

前进的道路必然是艰辛的，多年来徐金富一直保持着勤奋敬业的工作习惯，他开玩笑地说道：“做实业的手脚和思想都要勤快，眼睛看得远，手也要从低处做起。我们有个顾问之前去外地出差，说那边做实业的企业家更勤快，还督促我要更加勤快呢！”除此之外徐金富还强调，事业的发展除了勤快还要能坚持。因为很多事情必须要三五年之后才看得出结果，没有积累，质变就不可能出现。带着这样的坚持，天赐材料一直以品质为中心，以研发为中心，向前奔走着，徐金富再次开玩笑说：“不管别人爱不爱我，我总是会在的，跟上行业的要求不停做下去，并且还要做到最好，否则也不会有充足的利润空间。”

回顾天赐材料一路走来的历程，徐金富坦言，困难每天都在发生，只有一个个地把问题解决好，才能一步上一个台阶。就像爬山，爬完一个山头收获一番风景，但始终还要在路上继续前进。尽管在前进的过程中会不停地犯错误，但是致命的错误不能犯，这样才能在错误中不断地提升水平。而无论成功还是失败，一切都是在实践中干出来的。身处朝气蓬勃、创新进取的黄埔区、广州开发区，企业更没有理由不向前进。

“中小企业能办大事”的肯定自黄埔传出，响彻神州大地，对包括天赐材料在内的中小企业都起到了巨大的鼓舞作用，它们不断吹响科研创新的号角，在关键领域及“卡脖子”技术上下足功夫，将习近平总书记的亲切关怀和殷殷重托转化为奋勇前进的高度自觉，逐渐实现了从“小而多”到“精而强”的蜕变，涌现了一批“单打冠军”和“科技小巨人”。在“四个意识”“四个自信”“两个维护”的顶层设计引领下，天赐材料仍将在路上办成更多更大的事业，再创发展新局面、再立时代新功。

对于天赐材料取得的所有成就，徐金富始终谦虚地认为：“企业的建立不过是时代的产物，到了这个时代就一定会出现这样的公司，由这样一群人去做这样一些事，并不是因为某个人有多么伟大。”随着人工智能、5G基建、新能源等前沿技术的推进，以及黄埔区、广州开发区营商环境的持续优化，相信天赐材料还将在未来创造出更加完美的品质，真正成为精细化工行业国际化一流的企业。

文 / 李桐

获得的荣誉

- 国家知识产权优势企业（2019年至今）
- 中国民营企业制造业500强第387位（2018）
- 广东省百强民营企业第83位（2018）
- 全国优秀民营科技企业民营科技发展贡献奖（2017）
- 广东省高新技术企业（2017）
- 广东省出口名牌企业（2017）
- 广东省守合同重信用企业（2005—2016）
- 中国化学与物理AAA级信用企业（2013）
- 中国个人护理品及化妆品技术创新奖（2013）
- 广州市第一批科技小巨人企业（2013）
- 广州市安全生产和消防安全先进单位（2012）
- 广东省战略性新兴产业培育企业（2011）
- 广东省中小企业创新产业化示范基地（2010）
- 广东省优秀民营科技企业（2010）
- 广东省自主创新100强企业（2010）
- 广东省创新型企业（2009）
- 广东省知识产权优势企业（2009）
- 广州市安全文明样板企业（2007）
- 广州市先进私营企业（2002）

『黄埔有故事』讲述人

陈明伟

长视科技股份有限公司常务副总裁

●广州市黄埔区、广州开发区“优秀高管”（2015）

- *广州市产业领军人才集聚工程创新领军团队*
- *广东省安防行业工程技术研究中心*
- *华南最大的安防摄像机制造商*
- *新冠肺炎疫情期间，20 余天迭代 300 余个版本，开发出疫情防控人脸测温智能终端，每月出货量在 1 万台以上*

长视科技

以视频为核心服务全球的物联网解决方案提供商

从生存到发展，一个国际品牌的跃迁之路

长视科技创办于 2006 年，最初只有一间几十平方米的办公室，后来随着业务逐渐壮大建立了自己的研发团队，2012 年搬迁至黄埔区、广州开发区发展至今，建立了自己的独立产业园区。昔日的小树苗已经长成健壮的大树，如今的长视科技有办公面积 5 万多平方米，员工 800 多人，其中研发人员超过 200 人。

历经 14 年的探索和发展，到 2020 年，长视科技已成长为朝气蓬勃的少年，陈明伟见证并参与着这个少年的一路成长。然而，在当初，这却是他不得不做的一种选择。

长视科技一直致力于视频监控产品的全球化销售与服务，以安防视频技术为主要研发方向，包括图像视频、传输存储、视频分析、视频管理等，在技术上已经具有领先地位，拥有 32 项实用新型专利、28 项软件著作权专利、6 项发

明专利，以及 10 项外观专利等。从 2015 年起，长视科技还在境外逐步设立海外分公司，为国际客户提供更加优质、高效、快捷的服务，实现销售、物流和售后维修本地化快速响应。

长视科技的总裁全绍军和陈明伟是同学，他们都是广东肇庆人，出生在平凡家庭，按部就班上学毕业然后参加工作。陈明伟回忆说，全总最开始在当地的一家大型超市上班，负责电脑网络和视频监控系统的管理工作。虽然工作内容对专业知识的要求并不精深，但这也算是后来全总从事安防监控创业的缘起。

后来，全总成家了，肩负上有老下有小的养家重担。在他们成长的那个小城市，人们似乎安于这种平淡但不太充裕的日子。陈明伟说，全总一直是一个

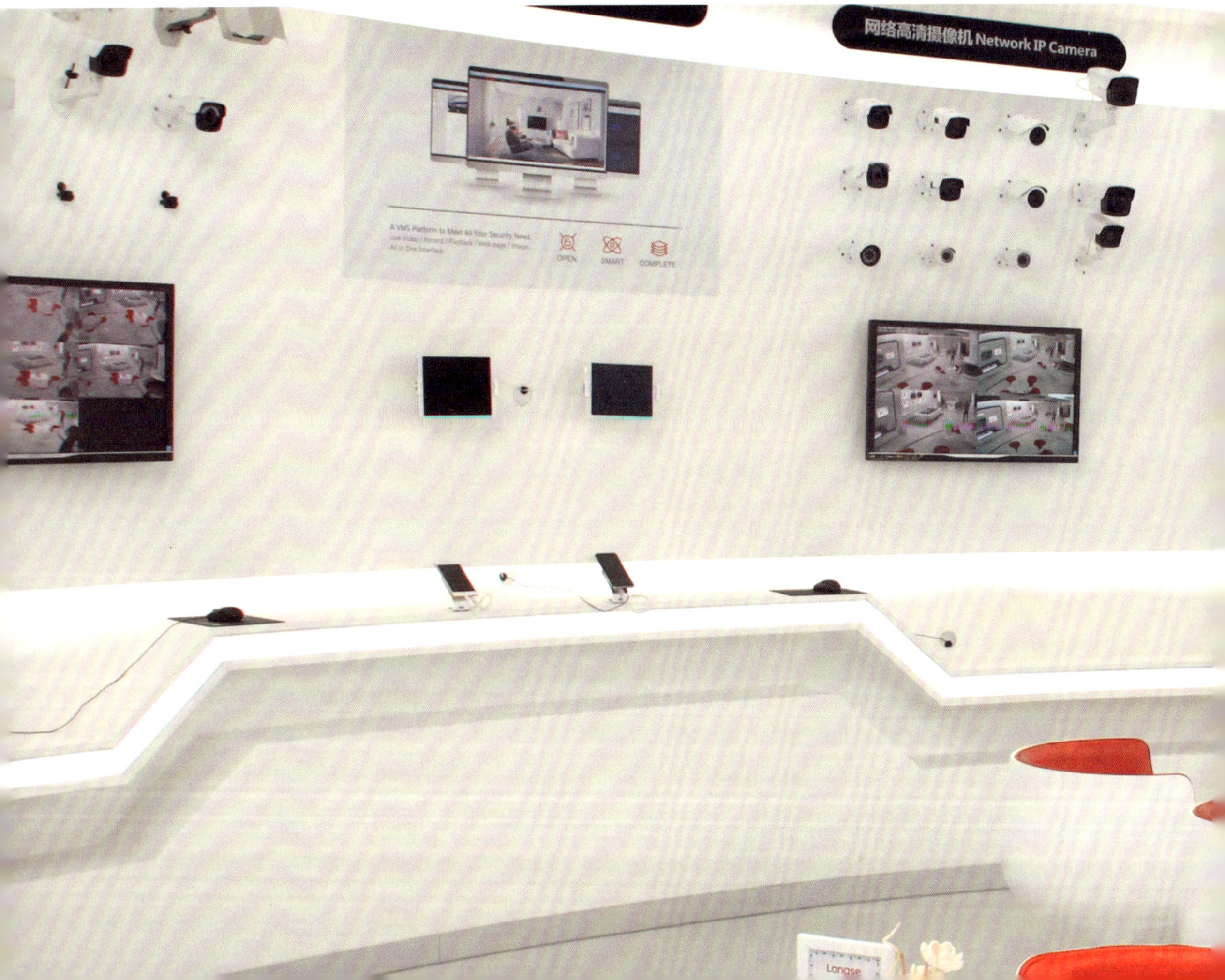

很积极进取的人，成家之后他开始不满足于眼下的生活状态。工作的收入已经无法满足家庭日益增长的开销和每月的房贷。同时，作为一大家子的顶梁柱，全总希望自己能够给予家人更好的物质生活。于是，他从超市辞职到广州干起了国际物流。也是在这份工作中，全绍军开始接触和了解国外的市场行情。

“全总一直是对市场和商机的感觉特别敏锐的人，科研技术的发展趋势和市场行业的走向，他都密切关注。”陈明伟说，创业有时候是需要机缘巧合的，长视科技的诞生就是天时地利人和的结果。如果说，前期的超市网络安全管理工作奠定了全绍军的创业方向，那么，后来的国际物流工作则让他明确了市场和客户的具体定位。那个时候，他想要拼搏一把的心已经酝酿许久，蓄势待发。于是，2006 年 4 月 29 日长视科技诞生了。次年，全绍军找到陈明伟，

两个人一起勤奋工作、密切合作，带领着长视科技快速发展。

刚成立的小公司，头等大事无疑是生存。在当时的国内市场，安防行业刚刚兴起——这也是长视科技应运而生的条件之一，既有潜藏商机，亦面临巨大的挑战。陈明伟说，长视科技可以说是地地道道的草根出身，那时候什么都没有——没有资金没有资源，只有团队一起创业的热情。经过慎重考虑，他们决定从批发摄像头贸易做起，全绍军前期积累的国际市场经验恰好可以用上。就这样，长视科技开始了最初几年的外贸业务。

团队自己建立外贸平台，从无到有积累一个又一个客户。因为国外安防产业市场需求增长快，所以长视科技很快就打开了市场，订单金额越来越可观，业务也随之繁荣起来。但贸易外销的商业模式相对简单，其本质始终是赚取差价，长视科技并无更多优势壁垒。同时，那时候的摄像头，无论从外观到技术都比较简单，一旦有要求高的客户提出技术层面的需求，长视科技都一筹莫展，产品技术成了最大的发展障碍。陈明伟和全绍军很快觉察到这个情况，虽然长视科技通过贸易外销度过了生存阶段，但接下来若一直依靠这样的模式恐怕难有更大的发展。

2007 年，在团队核心成员慎重考虑之下，长视科技搬到了奥体中心，决定建立自己的研发中心，构建自己的核心竞争力——投入产品技术研发领域。那时候，全绍军看到一个显而易见的趋势：2007 年到 2008 年，安防产业核心技术和制造集中在日本、韩国，以及中国台湾地区，但之后必定会往中国大陆转移。这个市场是巨大的，而对于企业来说，唯有具备技术研发的能力才能占据市场的绝对竞争优势。

于是，长视科技开始大力投入技术研发。“对于研发来说，人才是最重要的，也是最贵的，但为了未来，必须投入。”团队聘请了台湾安防领域知名专家坐镇，以技术发展及客户需求为指引，研发自己的摄像头产品。有了技术的加持，打造了小海螺等爆款摄像头产品，长视科技的业务量迅猛上升，在国外的品牌知名度也水涨船高。在这个过程中，长视科技逐渐形成了自己的模块化的产品，便于实现客户个性化定制。自此，长视科技终于有了最具竞争力的核心技术产品。

“专业、不贵，加上贴心的个性化服务，客户更信任我们，所以更愿意选择我们。”毕竟，多年积累的技术口碑是无法替代的价值，尤其是内含了高新技术。至此，长视科技通过技术上的突破实现了业务转型和品牌跃迁。陈明伟说，这一切都是因为全总看得远一些，这也是“长视科技”这个品牌名字的寓意所在。

不止于硬件制造，志在成为一站式解决方案提供商

近些年，随着计算机技术的迅速发展和推广，世界掀起一股强大的智能化数字浪潮，几乎所有的产业都被卷入这股浪潮中，安防产业也不例外，作为安防产业的核心，视频监控更是“首当其冲”。安防从传统的模拟监控开始，已历经 20 多年的发展与积累。随着最近几年安防市场对图像的数字化需求和网络传输需求的日益提升，模拟监控逐渐呈现出很多的发展瓶颈，如传输媒介受限制、传输易受干扰、信号数据存储和调用不方便等。

为打破这些瓶颈，长视科技很早就开启了技术转型和升级——不满足于生产和制造基本的安防硬件，而是趋向注重硬件背后的安防行业大数据的处理和平台生态系统的应用开发。转型意味着更多资源、资金、人才和新机制的投入。

自模拟产品技术为长视科技打开了更广阔深远的空间以来，长视科技对科技的研发迭代倍加重视。每年长视科技在研发上的投入均达到营收的 6%，而目前，一般的高新技术企业只需要 3% 即可。无论从哪个角度，符合市场的技术研发都是利国利民利企业的具有深远意义的大事。

2020 年新冠肺炎疫情突袭，当时还在休假中的全绍军一直密切关注疫情，身为企业家的他本能地想要做点什么。他留意到测量体温的设备需求旺盛。于是，他指示居家办公的研发团队马上投入相关产品的研发工作。长视科技研发团队只经历短短 20 余天，便迭代 300 余个版本，在已有技术积累的基础上，开发出疫情防控产品人脸测温智能终端。该产品在性能、外观、功能等方面都位居行业前列，得到客户的认可，每月出货量在 1 万台以上。

目前，广东省实验中学、深圳中学都在使用长视科技提供的测温设备。国外疫情全面暴发后，相关产品出口的订单增多，长视科技测量体温的产品也在不断迭代。

长视科技的测温设备看似简单，其实相当于大数据采集平台和信息存储库，且每项新增技术都经过反复更迭，除了测量体温，还能识别被测者的身份、年龄等，可以为使用者提供更多精确信息。它的最新版本显示屏选用了钢化玻璃，画质更加清晰，不掉帧，色彩更加平衡，透光率高达 99%，可以更好地还原屏幕颜色；采用了全金属立体支架，更加牢固安全。目前，长视科技已和黄埔区、广州开发区内的许多企校和医院合作，为他们提供各类测温和门禁设备。

从硬件到软件，从局部到整体，长视科技对未来的探索从未停止。近年来，“安全感”成了人们极大的需求。何为安全感？也许是加班回家亮着的灯，也许是身心健康的生活方式，也许是鼓鼓的钱包，每个人的答案不一而足。“安全感，最底层的需要应该是一个安全的外部环境，比如我们生活的城市，起码是一个安全、稳定、治安有保障的城市。”陈明伟说，城市和人紧密相连，人

给城市带来活力，安全、智慧的城市让人们的生活更美好。近些年，城市安全问题频发，作为安防企业的长视科技总想着为城市做些事情。

长视科技积极参与“平安城市”建设工程，结合城市建设发展思路，在社会治安防控体系的总体目标下，整合公安和社会视频监控资源，提供城市实时监控和历史查询，实现实时监控、精准智能分析，同时与指挥调度系统结合，实现快速响应处置，构建更安全的社会环境。端到端的解决方案，满足技术与业务的需求，且与公共安全管理系统的大联网、高清化、智能化、移动化、业务融合化、云化等发展趋势相吻合，可以有效地弥补目前“平安城市”工程项目建设存在的不足，提高业务处理能力。

目前，长视科技的解决办法包括：现实立体防控、社会治安视频监控和智慧社区综合安防。现实立体防控系统主要用于解决当前城市治安防控项目中传统监控点位部署在多套管理平台上，各自为战，点位管理不统一，无法兼顾整体与局部，不能从整体上了解城市治安的问题。社会治安视频监控系统是以互联网宽带网络为基础，通过统一的视频监控平台、多种宽带网络和多样化的视频监控产品，由专业的视频监控集成维护队伍组成，为客户提供图像和各种报警信号远程采集、传输、储存、处理的一种全新电信业务。它将分散、独立的图像采集点进行联网，实现跨区域、统一监控、统一存储和统一管理。对全区域范围公共安全监控点实时视频图像进行动态观察，实现对全系统设备和用户进行统一管理、身份认证、权限分配、配置下发等功能。

近几年，随着“平安城市”工程项目的积极推进，越来越多的城市已经开始从“平安城市、智慧城市”建设中享受到了便利。而“智慧社区”是“平安城市”工程项目的重要组成部分，长视科技安防监控系统在小区的安全、舒适、便利上提供了保障，为小区的长期稳定保驾护航。智慧社区的兴起，也从根本上杜绝了小区、出租屋、公租房、廉租房的脏、乱、差现象。由此延展，长视科技相继参与了智慧交通、智能建筑、智慧园区、智能家居、智慧一卡通、智慧停车、智慧旅游、智慧管廊等一系列安全防护工程系统建设，把人性关怀和技术创意融入防护生态系统，为人们的外在和内在的安全感构

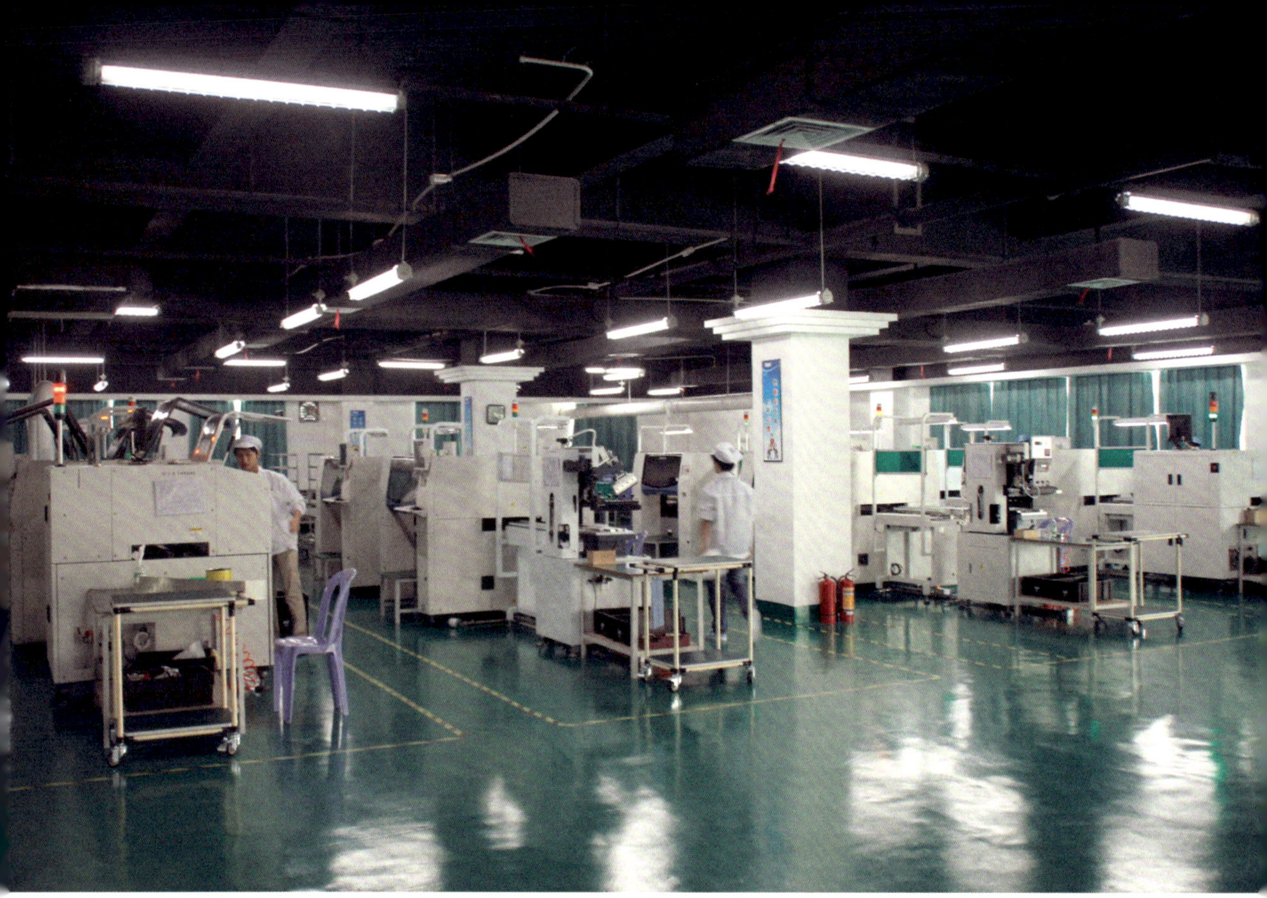

筑坚固可靠的防火墙。

除此之外，长视科技还积极投身教育领域的技术研发。近年来，我国教育改革和发展正面临前所未有的机遇和挑战。以教育信息化带动教育现代化，破解制约我国教育发展的难题，促进教育的创新与变革，是加快我国从教育大国向教育强国迈进的重大战略抉择。长视科技积极响应并参与"智慧教育"的解决方案，未来将为学校、师生和家长带来前所未有的便利。长视科技智慧教育是以云计算、大数据、物联网、移动互联网、人工智能等技术为支撑，在构建新一代智慧化教育信息生态系统的基础上，对教学、科研、管理、技术服务、生活服务等校园信息进行收集、处理、整合、存储、传输和应用，使数字资源得到充分优化利用的一种虚拟教育环境。通过实现从环境（包括设备，教室等）、资源（如图书、讲义、课件等）到应用（包括教、学、管理、服务、办公等）的全部数字化、智能化，在传统校园基础上构建一个智慧的数字空间，

以拓展现实教育的时间和空间维度，提升传统教育的管理、运行效率，扩展传统校园的业务功能，最终实现教育过程的全面信息化，从而达到提高管理水平，促进信息技术和教育领域主流业务的深度融合。

从国外到国内，聚焦安防视频技术创新，服务全球

长视科技于2012年搬迁至黄埔区、广州开发区，如今有办公面积5万平方米，员工800多人，正在兴建的占地近1.6万平方米的新园区预计于2021年竣工启用。“当初选择黄埔区、广州开发区是正确的，现在来看更是明智的决策。”陈明伟说，高新科技企业，尤其是发展科技型中小企业，要发展就要到黄埔，政府对企业的关注、重视和帮扶对企业来说不是锦上添花，而是实打实的雪中送炭。

黄埔区、广州开发区这几年着力瞄准前沿技术、聚焦核心产业，着眼提质

增效，打造先进产业集群的理念，吸引了许多大项目和好项目纷至沓来，新产业、新业态加速集聚，高端人才、高新技术竞相涌入，创业氛围和热情空前浓郁和高涨，整个区的经济发展势头越来越有韧劲，创下了多个全市第一。在金融资金方面，广发证券、广发期货和广州农村商业银行总部相继落户，实现金融总部零的突破。新引进百度风投等风投机构 77 个，资金管理规模近 600 亿元。同时，区政府还推动金融与科技、产业融合发展，积极申报国家级产业金融示范区，完善区域资本市场，加大金融机构引进培育力度，集聚风险投资机构累计 300 家，资金管理规模超 700 亿元。

“好的营商环境和优质的服务是企业健康茁壮发展的必备优渥土壤，这也是我们长视科技看重黄埔区、广州开发区的最重要的原因。”陈明伟介绍，长视科技从 2017 年开始开拓国内市场，参与国内的智慧城市等集成项目，黄埔区、广州开发区金融局推荐了广州银行、开发区金控、科学城集团等金融机构与他们对接，最终在区金融局的大力支持下，公司与广州银行、科学城集团等金融机构达成融资合作，解决了资金问题，在国内市场取得重大突破，年接单额达到 5000 万元。迄今为止，长视科技在多个方面受到政府的切实扶持，包括将公司一部分员工纳入了廉租房的租房名单；新园区的建设，区委、区政府十分关注，区行政审批局、民营经济和企业服务局等部门服务热忱，及时又周到；区金融局根据长视科技外贸出口的特点持续优选金融机构与他们对接，及时积极解决长视科技在融资方面的问题；区工业和信息化局、科技局多次莅临长视科技进行指导，宣传相关高新政策、政府补贴申报工作，让他们及时享受区政府给予的政策利好。

科技企业在种子期、初创期，都需要将资金投入研发，但由于科技企业的抵押品少、回报有较高不确定性等特征，传统的间接融资难以满足他们对资金的需求，往往会出现创业“死亡谷”。为了应对此种局面，黄埔区、广州开发区落地实施“风投 10 条”，搭建投资生态、强化上市资本支撑是其中的重要环节。

据悉，黄埔区、广州开发区风险投资机构累计达 458 家，管理资金规模约

976 亿元。百度风投、创新工场、IDG 资本、韩国 KIP 韩投伙伴等一批国内外知名风投机构纷纷落户。截至目前，风投创投机构直接带动区内重点科技企业获得股权投资资金超 10 亿元、人才引导基金参股设立的子基金已累计投资 67 个项目，其中，方邦保险集团股份有限公司、安必平医药科技股份有限公司等科创板企业成功上市的背后就有该基金的推动。

创业初期，长视科技就开始组建研发中心，一路发展中，对于科研技术的需求和创新，无论是资金还是人力投入，长视科技始终将其排在公司第一位。聚焦全球，重奖高端人才，黄埔区、广州开发区设立 50 亿人才基金，助推人才创新创业发展，长视科技由此得以广泛吸纳行业研发人才，与一流高校和企业保持合作。现在，长视科技有一支 300 多人的研发团队，与一批知名大学的博士研究生骨干；已建有广东省安防行业工程技术研究中心，整合了云计算、大数据、物联网等在视频监控行业的应用；拥有编解码技术、视频传输存储等视频软硬件集成的多项核心技术。

目前，长视科技在国外的市场布局已日臻成熟，几乎覆盖大部分欧洲地区，然而，在海外市场拓展初期，长视科技势单力薄，困难重重。在企业成长期，随着规模的逐步增大，孵化器等创新载体的空间与功能已经无法满足企业日益增长的需求，扩大生产规模和市场份额的资金缺口往往成为企业发展的瓶颈，往往导致营销能力不强，产品的市场增长率和相对市场占有率较低，拓展市场的能力较弱。广州开发区管委会急企业之所急，及时引导帮助企业实现技术更新和市场拓展，提供加速器、贷款担保、上市扶持等多项支持，促进科技企业成为行业领军企业。得益于黄埔区、广州开发区的一系列帮扶，长视科技逐步摸索到市场出口，多次参加全球交易会，凭借科技领先的产品获得了不俗的客户资源和知名度，由此打开了海外市场的大门并逐步站稳脚跟直至雄踞行业前端。

未来，长视科技将一如既往坚持聚焦安防视频监控设备的研发、生产和销售，紧跟行业前沿技术，坚持以视频为核心的物联网解决方案提供商的定位，服务全球客户。“我和总裁还有核心研发团队都时刻警惕长视科技失去专注和核心竞争力，习主席也勉励我们中小企业聚焦主业，加强自主创新，这是我们未来始终坚持的方向。”陈明伟谈到，长视科技从2015年在境外设立分公司起，全球业务量进一步高速增长，涨得越快，士气越高昂，一高昂大家就难免想好上加好，比如尝试和拓展其他业务。这个情况是需要特别警惕的。他会在公司内部强调这种聚焦心态，让核心团队在心态上忠于主营业务。“如果为追求利润最大化，不知不觉偏离了航向，是后患无穷的事。”陈明伟的态度明确：对于核心业务的深耕和精进，只要市场和客户需要，就不遗余力投入研发。

长视科技在国外的市场经验已十分丰富，面对中国市场的机遇也从容不迫，这仰赖于长视科技日益提升的企业自主创新能力，更仰赖于长视科技全总和陈明伟带领的核心团队卓有远见的行业格局和视野。“明者远见于未萌，智者避危于未形”，我们期待长视科技继续在国内智慧安防领域开枝散叶，在世界走得更久更远。

文 / 王彩

获得的荣誉

- CPSE安博会30周年创新百强企业奖（2019）
- 中国安防最具影响力十大品牌奖（2019）
- 第八届“中国安防百强企业”称号（2016）
- 广东省高新技术企业（2016）
- 广东省制造业100强（2015—2016）
- 暨南大学EMBA创新实践基地

梁耀铭

『黄埔有故事』讲述人

广州金域医学检验集团股份有限公司党委书记、董事长兼首席执行官

- 全国抗击新冠肺炎疫情民营经济先进个人（2020）
- 2019—2020 年度全国优秀企业家（2020）
- 广东省抗击新冠肺炎疫情先进个人（2020）
- 广东省劳动模范（2020）
- 上市公司高质量发展论坛“金质量”奖 · 卓越企业家奖（2019）
- 第五届广东省优秀中国特色社会主义事业建设者（2019）
- 广州市劳动模范（2019）
- 广州市优秀共产党员（2016）
- 广东省十大经济风云人物（2011）

- *疫情防控阻击战的健康哨兵*
- *金域医学拥有完善而全面的检验诊断技术体系，可提供超过2700项检验项目，年检测标本量超过7000万例*
- *拥有团队规模强大、覆盖网络宽广、运输时效快的医疗冷链企业物流，可为各级医疗机构提供专业的医疗冷链物流支持*
- *在行业内率先导如国际先进质量管理体系和工具方法，始终关注可持续发展，成为中国第三方医学实验室质量管理的第一批探索者之一，引领行业良性发展*

金域医学

完成新冠核酸检测超3000万人份，以高质量医检践行“健康中国梦”

排队等待核酸检测、病床供不应求，世界多国正在经历的医疗资源不足的场景，一再提醒人们新冠肺炎疫情的残酷。

全国驰援武汉的场景历历在目，作为新冠肺炎诊断的金标准，核酸检测为排查、确诊，以及分流病患立下汗马功劳；作为抗疫中最重要的检测力量，第三方医检机构也在中国医疗卫生发展史上留下不可磨灭的印记。

早在新冠肺炎疫情暴发初期，第三方医学检验龙头企业金域医学怀抱着“帮助医生看好病”的初心加入了抗疫队伍，随后又在湖北、广东、安徽、重庆、陕西等30个省（自治区、直辖市）及香港特别行政区获授权和委托，在各地先后开展筛查及发热门诊、复工、复学、入境检测等服务，投入相关专业人员近1800人，截止2020年12月下旬已累计完成核酸检测超过3000万人份。作为国内第三方医检行业的开拓者和领军者，金域医学以全球检测量最大的单个机构成为此次核酸检测的绝对主力。

新冠肺炎疫情让更多人知道了核酸检测，但对承担检测工作的机构却了解甚少，事实上，除了各地疾控中心和医院检验科，第三方医学检测机构也是核酸检测的重要组成部分。

践行医者的家国担当，硬核实力助抗疫

2020年的春节，面对突如其来的新冠肺炎疫情，一场防控阻击战在中华大

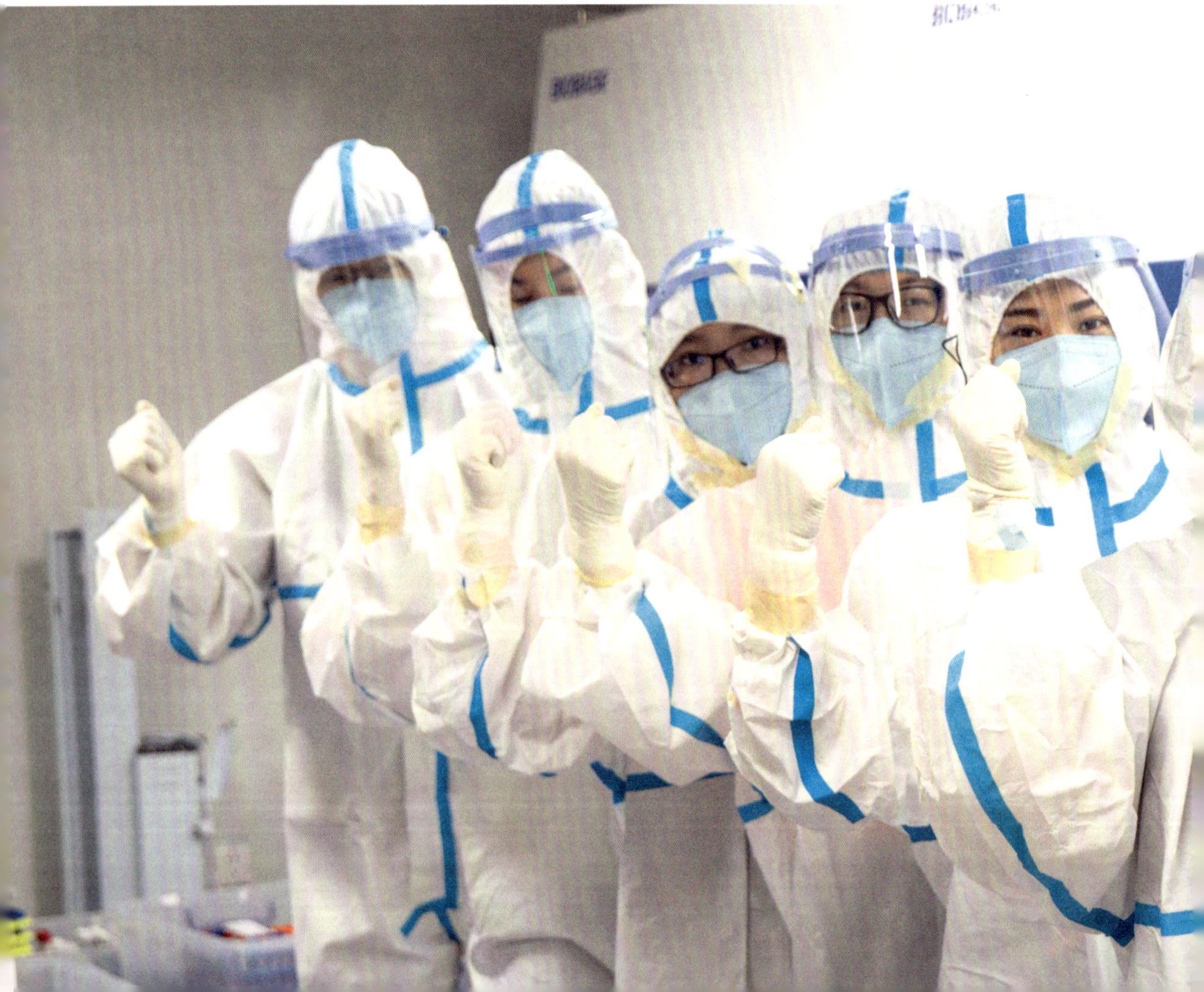

地全面打响。“把人民群众生命安全和身体健康放在第一位！”习近平总书记作出重要指示后，举国上下将疫情视为命令，把防控作为责任，同舟共济、科学防治、精准施策，以坚决打赢疫情防控的人民战争、总体战、阻击战的信心与决心，与疫魔展开较量。

“我们将有一场硬仗要打！”金域医学董事长梁耀铭向全集团吹响抗疫“冲锋号”，以社会化力量勇担疫情防控中的检测重任，以专业技术报国，以实际行动践行“中小企业能办大事”。

早在 2018 年 10 月，习近平总书记在视察广东期间，与 12 位广州民营企业、中小企业负责人亲切交流，发出“中小企业能办大事”的感叹。简短有力的八个字，让当时有幸在现场参与交流的梁耀铭时刻铭记在心并付诸行动。

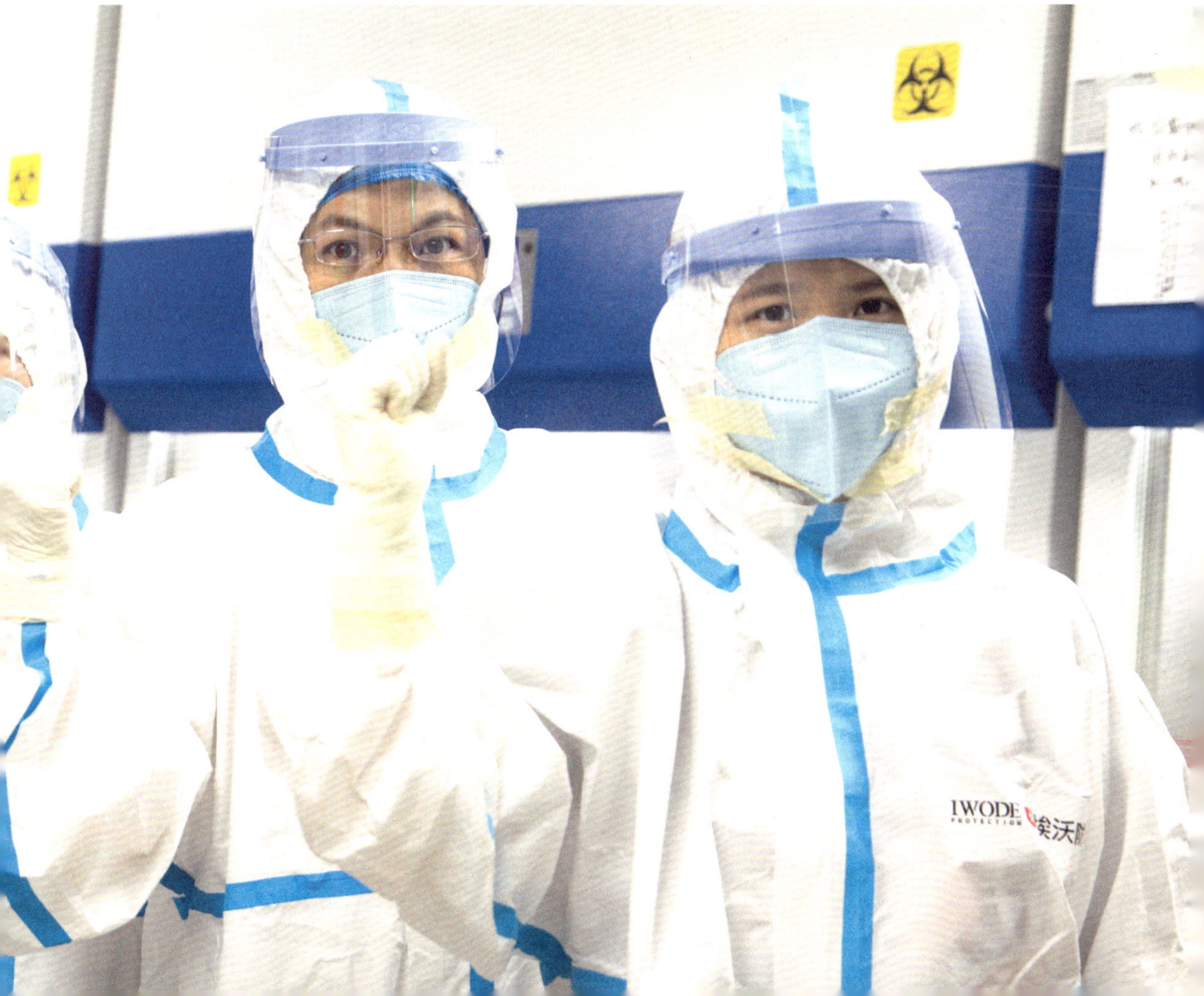

在这场战“疫”中，金域医学作为全国第三方医检行业的龙头，依托自身病毒检测能力和物流网络等专业优势，积极承接包括雷神山医院等在内的湖北关键区域的核酸检测重任，并作为检测主力随广东医疗队支援湖北，入驻雷神山医院检验科。

截至 2020 年 12 月底，金域医学已在包括湖北、广东、安徽、重庆、陕西在内的 30 个省（自治区、直辖市）及香港特别行政区获得授权和委托，先后开展筛查及发热门诊、复工、复学入境检测等行动，投入相关专业人员超 1800 人，累计检测超 3000 万人份，是此次抗疫阻击战中核酸检测的绝对主力。

然而，这一“战果”来之不易。

2020 年 1 月 20 日晚间，钟南山院士以国家卫健委高级别专家组组长的身份与央视《新闻 1+1》连线，接受白岩松采访。这是自 2019 年 12 月起武汉陆续出现不明原因肺炎病例以来，第一次有专家在媒体公开证实新型冠状病毒肺炎“存在人传人现象”。

1 月 21 日，梁耀铭随即召集骨干，在位于广州国际生物岛的金域医学总部，召开了一场全国视频会议，请来广州呼吸健康研究院专家为员工进行新冠病毒相关知识及生物安全培训，并成立新型冠状病毒肺炎疫情防控专项小组，由他本人亲自挂帅，任小组组长。

快速的反应，完全是出于他“学医者”的直觉和专注第三方医检行业 26 年的经验积累。

疫情防控专项小组成立之后，22 日，金域医学紧跟着升级了实验室防护，调配“应战”物资，开始全集团安全健康监测等工作。

23 日，金域医学又在广州总部实验室开展了一场专门针对一线检测人员的规范操作强化、生物安全防护培训。

24 日除夕的 15 点 50 分，金域医学正式向全体员工发出《关于全力抗击新型冠状病毒感染肺炎疫情的总动员令》，号召全体员工全力以赴，为打赢这场疫情防控战役贡献金域医学力量。

正值春节假期，粮草、兵马何来？金域医学总部及各地子公司检验人员和物流人员纷纷放弃休假，“逆行”广州；1 月 27 日，一支超 50 人的“备战部队”在金域医学总部集结，开始为期 5 天的三级安全防护和检测培训。

与此同时，采购部门开始了物资“储备战”，一次性防护服、口罩、手套、防护镜等防护物资缺一不可，找供应商、蹲工厂、找客户借，国内买不到就全球采购，找欧洲、中东供应商等。

梁耀铭表示，重大疫情当前，为保老百姓的生命安全和身体健康，金域医学定将义不容辞。“我们要为积极参与核酸检测，为抗击疫情做好一切充分准备，严阵以待，一旦国家召唤，立马‘出征’。”

在我国疫情暴发高峰期，出现“一测难求”的问题，一方面是病毒的高传染性，需要尽快确诊采取措施控制；另一方面则是重点疫区核酸检测能力的严重不足。单单依靠疾控中心和公立医疗机构开展核酸检测，产能明显捉襟见肘。

此前的1月22日，国家卫健委办公厅发出的《关于医疗机构开展新型冠状病毒核酸检测有关要求的通知》中明确"各省可以购买服务的方式，与具备条件的第三方检测机构合作开展检测"。2月4日，中央应对新型冠状病毒感染肺炎疫情工作领导小组会议再一次强调，要提高检测确诊能力，缩短检测时间，允许符合条件的第三方检测机构开展核酸检测。第三方医检机构在国家层面纳入新冠肺炎疫情的防控体系当中。金域医学第一时间请战。

同时，梁耀铭还呼吁全国的第三方医学检验机构同行，充分利用自己的检测能力和服务网络，在政府有关部门的领导、指导和监督下，加入这场疫情防控阻击战，承担起第三方医检机构应尽的专业责任和社会责任。

此时，第三方医检机构成了核酸检测的主力。公开数据显示，美国两大第三方医检机构 Labcorp（实验室控股公司）和 Quest（探索诊断公司）已分别累计开展核酸检测 260 万例（3 月 5 日—6 月 1 日）和 265 万例（3 月 9 日—5 月 26 日），单日产能分别为 9 万例和 8 万例。而当时，金域医学则已累计开展核酸检测超 700 万例（1 月 25 日至 5 月底），单日产能为 15 万例，可以说是全球最大的。

"这场战'疫'中涌现出了特别敢于战斗、能够战斗、善于战斗的金域医学人。"梁耀铭感叹道，"疫情是一场大考，考验我们的技术能力和服务水平；疫情是一次飞行检查，评估我们的检测能力和管理水平；疫情还是一场烈火，进一步淬炼金域医学人的精神，升华我们的事业格局。"

创新驱动集团发展，构建核心技术体系

打胜仗的砝码在于潜心备战。

"2003 年非典发生的时候，金域医学还是一家小企业，什么都不敢碰。但经过 26 年的沉淀，现在我们有积累有储备，有病毒检测优势也有物流网络优势。疫情当前，如果国家需要，我们有能力上，我们也必须上。"梁耀铭说。

如今金域医学拥有覆盖全国 90% 以上人口所在地区的 37 家中心医学实验室，200 多位专业 PCR（聚合酶链反应）检验人员，以及深入基层一线的 3000

人的医疗冷链物流团队，具备快速精准的核酸检测能力和深入一线的标本运输能力。

多年来，金域医学坚持走创新驱动发展之路，不断强化核心技术体系建设，成为正在蓬勃发展的医学检测行业的“独角兽”，以科技创新推动医疗均等化，全面服务健康中国。

早在2018年，金域医学便在广州呼吸健康研究院专家团队的指导下，按照P2+实验室建设标准建设了“临床呼吸道病毒诊断与转化中心”，由钟南山院士担任主任。该中心还是呼吸疾病国家重点实验室病毒诊断研究分室，是全国领先的呼吸道病毒临床和实验室诊断的第三方精准检测平台。当时设立该中心的初衷之一，就是要在应对急性、突发性传染病时能发挥至关重要的作用。

作为一家高科技服务企业，金域医学创新性地以平台建设为中心，以临床疾病诊断为导向，大力拓宽检验检测项目种类，现在已经发展成为检验项目及技术平台最为齐全的第三方医学检验龙头企业。

由于国内的第三方医检行业起步比其他发达国家慢了至少30年，无论是实验室检测的技术还是项目数量都远不及欧美发达国家，因此自主创新和引进消化吸收再创新也成了金域医学创新的主要路径。

为提升自主创新能力，金域医学从两个维度发力。首先，构建一系列的自身核心技术体系。金域医学现已建设了业内较齐全的实验室检验技术平台，包括高通量测序技术平台、基因芯片技术平台、流式细胞分析技术平台、质谱分析技术平台、免疫组化技术平台、分子诊断技术平台，范围覆盖了从常规到高端的主流技术领域。其次，科研体制创新。金域医学将创新转化为抓手，探索以集团研发中心、转化医学研究院、创新研究院为主体的三级科研创新体制，不断推进跟踪和引领医学诊断最新技术趋势，加大科研转化力度。

金域医学作为社会化的医检力量，充分利用自己的专业化能力，积极助力和化解在分级诊疗过程中以及在突发公共卫生事件中的基层检测能力薄弱、医疗资源分布不均衡等难题。而在疫情防控进入常态化阶段，金域医学同样还能大有作为。

梁耀铭表示，在国家大力推进新基建和企业数字化转型的宏观背景下，金域医学正抓住机遇，积极推进创新和数字化转型，力争使公司发展上一个新的台阶。

“二次创业”新征程，医学业务版图更广

和所有企业波澜壮阔的创业史一样，金域医学也有一个广为流传的曲折故事。

梁耀铭的医缘来自年少时，他的邻居是毕业于中山医学院（现中山大学医学院）的医生，读书多且医术好，又受人尊敬。他在敬仰之余便萌发学医初心，最终考取了广州医学院（以下简称“广医”），毕业后留校工作并任职于教务处和科研处。

20 世纪 80 年代末，全国掀起高校办企热，广医领导找来了有生意头脑的梁耀铭，让他筹办校企。梁耀铭回忆说：“年轻人哪里有钱就想着往哪里冲，当时本土最火的企业是太阳神，我一想，学院化学教研室不是有一款氨基酸口

服液吗？就一心想将其推向市场，结果项目失败了。”失望之时，时任广医院长钟南山的一句话点醒了他：“校办企业必须要有学校特色。”

于是，梁耀铭盘点了学校的资源。当时，广医最有名的几个专业中就有检验科。广医是华南地区第一个拥有检验本科专业的学校，很多客座教授都来自三甲医院检验科，学生毕业后也将成为各大医院检验科骨干。

梁耀铭决定把校办企业的经营方向，定在检验试剂的销售。

背靠广医的人脉和渠道，梁耀铭的检验试剂生意越做越大。但一位来自基层的医生同学向他抱怨：“你们试剂卖得这么好，却解决不了基层医院检验难的问题。”“我一位清远的同学，说到大医院进修后，回基层更不会看病了，因为基层没有检验科。我一下子想到，能不能新开拓个业务，帮基层医院代检。”想法马上付诸行动，而这仅仅是满足贸易过程中的需求，对医院来说只是增值服务，校办企业的主业还是试剂贸易。

销售成规模后，又出现了一个新问题：在利润和绩效上校办企业很难和市场化公司竞争，业务和压力同时增大，利润没有增长反而下滑。1996 年作年终总结时，有位老员工在提交的总结信上写着“敬业精神有余，丰收硕果无缘”。

经过仔细考虑后，梁耀铭认为做贸易不再是校办企业的优势，于是把发展目光聚焦到了医学检验服务上，那时根本没人关注这一领域，从当时的情况来看，院外的第三方医学检验服务都是新生事物，甚至很多人认为靠医检服务赚钱是天方夜谭——大医院都有检验科，还要把标本送去第三方机构干什么？

如果梁耀铭就此知难而退的话，中国第三方医学检验行业的历史进程，恐怕要被改写。幸而梁耀铭既有商人的直觉又有医生的专注。他给这家尚处于襁褓中的企业起了个寓意深远的名字——金域。就此，中国第三方医学检验事业启航出海，驶向那片当时还未知的金色领域。

1998 年，梁耀铭和他的员工们“豪赌”的未来到货了——他们众筹 9 万元买来当时最先进的病理切片机，“在那间 60 平方米的实验室里，这就是最贵的家什了，也寄托着大家所有的希望。”

当年，金域医学通过第三方医检服务获得的收入增加了数十万元，梁耀铭没想到，原本只是增值服务的代检打开了另外一片天地，一湾蓝海正在招手。而那台发家宝物如今被珍藏在金域医学总部一楼展厅中，向来人讲述“筚路蓝缕，以启山林”的故事。

2001 年，梁耀铭作为广州医学院的重点培养骨干，被派往新加坡国立大学攻读 EMBA（工商管理硕士）。就是在新加坡进修期间，他发现自己的发展思路与老师所说的美国的一家机构很相像。某个下午，梁耀铭用当时尚属稀罕的拨号上网方式“链接”到大洋彼岸美国，这家名叫“Corning”（现美国最大独立医学实验室 QUEST）的独立医学实验室的发展猛烈地冲击着他：把医院的一些病理和检验项目，委托给第三方机构进行检测，这不正是自己辗转多年想要做的事情吗？

就这样，在 20 世纪 90 年代末，金域医学最早探索医学检验外包服务在中国的运营模式，也由此开创了我国第三方医学检验的行业先河。

定下发展方向后，受到当时中山大学旗下的达安基因成功改制的启发，梁耀铭辞去了校内所有的行政职务，以创业者的身份对金域医学进行改制，并下决心要把金域医学检验做成国内“第三方医检”的标杆。

2002 年，广东省卫生厅给还在创业初期的金域医学发出了全国首张第三方医学实验室的医疗机构经营许可证。

同年，金域医学成为国内首家申请并通过 ISO/IEC 17025 认可用于临床服务的医学实验室，2004 年通过 ISO 9001 国际质量认证，2008 年成为华南首家通过美国病理学家协会（GAP）认可的实验室。

梁耀铭回忆道：“正是在广东这块改革开放的前沿阵地，政府和监管部门敢于先行先试，国内第三方医学检验行业的先河才就此开创。”

到了 2009 年，卫生部印发《医学检验所基本标准（试行）》，在医疗机构类别中增设“医学检验所”，第三方医学实验室的合法地位正式确定。

此时，金域医学成为我国首家通过 ISO 15189 质量体系和 CAP 双认可的第三方医学实验室。20 多年里，在广东这片改革的沃土上，金域医学的发展是中

国第三方医检行业从无到有，从有到强的缩影，而这背后，时代际遇与个人奋斗互相成就、交相辉映。

2014 年，经过了十余年的发展与积累，梁耀铭提出了“二次创业”的战略。

“创业十几年，有一些老员工，隐隐约约有了优越感，而政策环境的变化，又告诉我们新技术会发展得很迅猛，不能只在当下的‘全国第一’裹步不前。”

在回顾自己提出的“二次创业”时，梁耀铭说，他感觉金域医学需要继续发扬当年的创业精神。

如何在已经排名靠前的基础上“二次创业”？梁耀铭作了一番规划——以医学检验服务作为纽带，往上游连接体外诊断产业（IVD）发展，往下游要大力推进医疗大数据大样本的综合利用，着力运用人工智能辅助病理诊断，构建

以医检服务为纽带的上下游融合的发展格局，逐步形成一条以医学诊断产业为主线，集科技创新、成果转化、产业孵化为一体的高端产业平台。

如今，金域医学已成为一家以第三方医学检验及病理诊断业务为核心的高科技服务企业，通过不断积累的“大平台、大网络、大服务、大样本和大数据”等核心资源优势，致力于为全国各级医疗机构提供领先的医学诊断信息整合服务。

“情定”生物岛，缘因开发区营商环境好

就在梁耀铭提出“二次创业”的第二年，即 2015 年，金域医学搬迁至由黄埔区、广州开发区管理的广州国际生物岛上。

“算是巧合吧，不过我们确实观察了生物岛很长时间。”梁耀铭说，金域医学在离开原办公场地后，就在考察“新家”。自官洲岛被规划为广州国际生物岛后，他便一直考察这里。

如今的生物岛不再是他最初考察时各项设施尚待完善的模样，那么多生物

医药项目的进驻，说明大家看好这里。梁耀铭认为，主打健康产业的生物岛，城市管理和市容环境必能吸引人，“良好的环境，更能让人联想到健康。”

如果黄埔区、广州开发区不是通过实打实地改善营商环境，吸引大众创业、万众创新，而是单纯依靠税收优惠、土地让利等优惠政策的比拼来招商，或是通过攀关系、论交情让企业为自己“站台”，并不能让企业真正融入地方的发展。

根据 2020 年黄埔区人民政府的工作报告显示：生物岛已实现新提升。岛内环境全要素升级，恒瑞研发中心等一批重点项目落户，默克创新中心投入使用，成功举办第三届官洲国际生物论坛，全国首个 5G 自动驾驶应用示范岛启动建设。狠抓土地储备，着力解决翟洞地块历史遗留问题。完成“三条围”拆迁，整理出两个 3 平方公里的连片土地。大力实施“湾区 +”战略。穗港智造特别合作区、穗港科技合作园启动建设，新华穗港城、湾区氢谷等项目动工。

光是有成熟的配套和良好的环境，还不足以支撑生物医药产业的群聚发展。从生物岛联系整个广州开发区，梁耀铭认为黄埔区、广州开发区良好的营商环境，给了金域医学很多的支持。

“和广州开发区职能部门打交道，你会发现工作人员的精神面貌和服务意识都很好。”梁耀铭说，他 2003 年第一次到广州开发区考察，已被当时的营商环境感染：“他们会很主动问询企业的需求，并想办法满足，我想这是广州开发区多年来服务外商意识所积累的。”

“广州开发区灵活的政策，给了高新企业和高技术人才持续创业的动力。”梁耀铭说，广州开发区的高新企业和高技术人才在申报广州市一级的科研项目成功获得奖励后，可再获广州开发区奖励市一级经费的 50%；省一级科研项目成功后，可获广州开发区奖励省一级经费的 70%；国家级项目，国家给多少广州开发区再奖多少。梁耀铭认为，灵活的政策和良好的服务，能给企业科研人员，特别是初创企业和人才关键支持。

为了进一步促进高新技术产业发展，2020 年 2 月 15 日，黄埔区、广州开发区、广州高新区深入实施创新驱动发展战略，积极培育高新技术产业集群，推动经济高质量发展，结合实际，制定发展办法。其中，对经国家部门单独或联合认定的国家重点实验室、国家工程技术研究中心、国家工程研究中心、国家工程实验室、产业创新中心等研发机构，给予300万元扶持。

对企事业单位参与本区重点推进的国际科技合作计划的，经批准立项，每项给予最高200万元扶持。

对已建立内部研发机构且当年研发费用500万元以上的规模以上企业，按其研发费用增长额的10%给予补助，最高100万元。

近年来，黄埔区、广州开发区把生物医药产业作为重点培育的战略性新兴产业。如今，广州市政府又对黄埔区提出要聚焦单克隆抗体、细胞治疗、体外诊断三个细分领域。这更让梁耀铭坚定了自己在广州开发区“二次创业”的方向。

2020年2月28日，广州开发区、广州高新区以5G视频直播、多会场连线的方式举办百大项目庆百年暨2020年第一季度重大项目签约及集中开工动员活动。其中，金域医学的广州国际医学体外诊断产业创新中心项目也按下了“启动键”，未来将建成国内领先、国际知名的高端医学检验和病理诊断中心，打造一张广州生物医药产业聚集的亮丽名片。

最后梁耀铭表示，金域医学将继续坚持以客户为中心、以临床和疾病为导向的多技术平台整合并提供卓越服务的核心战略，依托国家5G技术、工业互联网、人工智能、大数据等新基建政策，启动“两库一中心一基地”（即生物医学大样本资源库、医学检验与病理诊断大数据库、智慧医检与大健康科技创新中心、第三方医检数字化产业应用示范基地）的建设规划。

他还表示，在未来3～5年时间内，要将金域医学打造成健康医疗领域的信息化和数据化公司，使之成为国家公共卫生疾病防控和医学科研的重要支撑和第三方医检数字经济产业应用示范基地，真正做到习总书记提出的“中小企业能办大事”。

文 / 陈淑文

获得的荣誉

- 安徽省抗击新冠肺炎疫情先进集体（2020）
- 武汉市抗击新冠肺炎疫情先进集体（2020）
- 广州市抗击新冠肺炎疫情先进集体（2020）
- 抗击新冠肺炎突出贡献城市配送企业（2020）
- 2020年度战疫先锋企业（2020）
- 抗击新冠肺炎疫情全国三八红旗集体（2020）
- 全国卫生健康系统新冠肺炎疫情防控工作先进集体（2020）
- 广东青年五四奖章集体奖（2020）
- 国家知识产权示范企业（2019）
- 广州市市长质量奖（2018）
- 国家中小企业公共服务示范平台（2017）
- 钟南山科技创新铜奖（2017）
- 医学检测技术与服务国家地方联合工程实验室（2014）
- 中国专利优秀奖（2014）

洪林锋

『黄埔有故事』讲述人

广州麦普数码科技有限公司现任董事长

- 广州市黄埔区政协委员（2016 年至今）
- 广东省制造业协会理事（2018 年至今）
- 广东省产业发展促进会理事（2018 年至今）
- 广州市现代办公设备行业商会副会长（2018 年至今）
- 华南理工大学工商管理学院 EDP 同学会第四届理事会副会长（2018 年至今）
- 因在抗击新冠肺炎疫情期间做出积极贡献获黄埔区政府褒奖（2020）

- *它是全球产业链最完整的有机光导鼓制造企业*
- *它掌握有机光导鼓研发和制造的全套核心技术，是国内现阶段唯一掌握复印机有机光导鼓制造技术的企业*
- *28 条有机光导鼓及打印复印机相关产品生产线，1200 多种产品，畅销全球 160 多个国家和地区*
- *中央国家机关打印通用耗材定点采购中标企业，该企业产品被广泛应用于政府和企事业单位*

麦普数码

有机光导鼓领域当之无愧的“扛旗者”

在国际品牌打印机垄断中国市场、原装耗材严重挤压通用耗材生存空间、国内产品参差不齐的情况下，选择成立一家打印机及耗材生产公司，该如何突出重围谋得生存呢？麦普数码科技在成立之初就面临这样严峻的市场考验，也因此从一开始的时候就紧紧围绕生产制造的核心技术稳扎稳打，全面保障产品质量，用看得见的品质与响当当的诚信赢得市场认可与行业尊重，很快就打开了发展的局面。

攻坚克难技术壁垒、换位思考准击痛点、诚信守护行业正气，麦普数码创办多年来始终如一，积攒了全球赞誉的良好口碑。尤其在黄埔区麦普数码科技园投产运营之后，亲商务实的营商环境、高效贴心的政务服务令麦普数码再次迎来了绝佳的发展机遇，逐渐成长为全球产业链最完整，以及国内独家掌握复印机有机光导鼓制造技术的企业。作为有机光导鼓领域当之无愧的“扛旗者”，麦普数码在打印、复印领域还为国家信息安全做出了自主可控的贡献，在安全持久、普惠清晰的传输信息方面发挥了不可替代的作用，体现了中小企业在关键核心技术创新上能办大事的特质。为掌握更全面的核心技术永葆领先优势，给全球用户带来更加美好的打印体验，麦普数码还将有更大作为。

练好基本功，让世界看见中国

带着几年来做原装耗材中国区代理商的经验，以及一帮搞生产的技术骨干和股东的信任，洪林锋从香港回到内地，投资创办了麦普数码科技。在天河车陂路的一个工业区里，初创团队就这样开始了生产制造喷墨打印机以及墨盒的相关业务。

当时麦普数码面临的发展环境十分严峻，因为国内的打印机市场基本都被国外品牌所垄断，前五名惠普、OKI（日冲商业）、爱普生、三星、富士施乐的市场占有率之和就达到了 87.5%。在“剃刀模式”下，许多国际打印机品牌对于耗材都做出了严格限制。除了原装品牌对耗材市场的挤压，市面上还充斥着各种假冒伪劣产品，一些不法分子通过回收旧硒鼓、在墨盒中灌入劣质碳粉

来牟取暴利，严重破坏了通用耗材原本的形象和健康的市场秩序。

为此，麦普数码下定决心要为通用耗材正名。除了提供安全可靠、高性价比的产品，麦普数码还通过制订营销方案来解决经销商在订单、资金等方面的压力，引导消费者转变观念，保证市场各方的合理利益，以自身的积极作为影响行业健康发展。

自成立初始，麦普数码就带着做实事的心态，成为国内最早做打印耗材的企业之一，并希望在打印耗材领域掌握核心技术的“命门”。因此麦普数码在刚成立的时候就投资建设了1000平方米的厂房，进行自主研发生产，立志做中国好产品，走向全世界。

身处贸易历史悠久、国际贸易高速发展的商埠城市广州，麦普数码承袭了千年海上丝绸之路的开放基因，并没有将自己局限在国内市场，而是积极开眼看世界，将自己生产的产品放在世界的舞台上竞争，抓住机会交流沟通，整合全球的先进技术，在差异中寻求进步的空间和努力的方向。2000年，麦普数码的耗材产品重磅亮相美国消费电子展和德国汉诺威展，获得了全球客户的一致认可。2002年，麦普数码商标在全球15个国家完成注册，跨国业务团队迅速壮大，优质耗材也全面进入国际市场。

独辟蹊径的麦普数码在起步的初期阶段就敢于将自己的产品放在国际市场上持续亮相，这不仅体现了麦普数码挑战原装耗材地位、进军全球的决心，更重要的是，麦普数码也通过自力更生的努力与实打实的产品质量让世界看到了麦普数码的实力。

2003 年，在激光打印机技术及其市场都逐渐成熟的时候，麦普数码紧跟行业发展趋势，成立了激光打印事业部，着力在激光打印硒鼓方面投入研发力量。为此，麦普数码建成了超 2 万平方米的研发生产基地，并且成功推出了通用激光打印机硒鼓。

入驻黄埔区，“撸起袖子”办大事

麦普数码两次来到黄埔区都正值发展的上升阶段。自 2003 年进入激光打印机市场之后，麦普数码就将办公场地搬到了黄埔区花果山，但由于用地性质的变更，麦普数码最终放弃了花果山。2006 年，恰逢广州开发区在香港进行项目招商会，经过广州开发区相关领导的介绍，洪林锋当即就看中了黄埔区的发展趋势，并决定在黄埔区、广州开发区落脚。2008 年，麦普数码开始在广州科学城投资建立建筑面积达 10 万平方米的麦普数码耗材科技园。

在此之后，麦普数码又有幸遇上政府对中国自主品牌兼容耗材的政策支持，这实际上是对行业垄断壁垒的破除。根据国家对于兼容耗材“首选、强采”这两项原则，麦普数码以优质环保、高效节能的产品品质，超一流的国际水准，以及定制式的打印服务方案来要求自己，不断向更高的目标迈进。

回忆刚买下黄埔区麦普数码科技园生产基地用地的情景，洪林锋笑称“野草都有一两米高，地方很是偏僻”。十几年弹指一挥间，一切都发生了巨变。看到黄埔区的市容通过城市改造与更新变得越来越整洁，生态环境越发怡人，各项基础设施也相继完善，实现了从“南部西伯利亚”到“中国最具幸福感城市（县级）”的巨大转变，洪林锋感慨黄埔的变化是“一年一大变”。但不变的是，麦普数码科技园从动工、竣工再到后续的发展，始终受益于政府部门“有求必应”的服务能力与快速反馈的响应机制。

“中国内地的投资环境，我相信如果黄埔区说第二，没有人敢说第一。”在洪林锋看来，企业扎根黄埔是最好的选择。黄埔区政府以创新谋发展，以企业需求为导向，以制度创新为引领，为构建稳定公平透明可预期的营商环境超前布局、主动出击，坚持将“放管服”作为改革“先手棋”，削“繁”、治“拖”、破“堵”，为企业服务打造“高速公路”。“来了就办，一次搞掂”“承诺制信任审批”“涉企证照 44 证合一”“12345”等审批服务体系达到了审批流程最优、资料最简、成本最低、时间最短的效果；“金镶玉”政策组合拳深受好评，简洁实用；精品城市建设全面提升了黄埔形象，区域品牌建设吸引了世界的目光和关注。

在国家科技型中小企业集聚的黄埔，科技与创新始终是绕不开的关键着力点。2018 年，洪林锋作为麦普数码科技有限公司的主要负责人，受到了习近平总书记的接见，“中小企业能办大事，创新、创造、创业离不开中小企业”的指示给了麦普数码很大的鼓舞。当年，黄埔区、广州开发区科技创新指标就上升到了全国开发区第一，中小企业的数量占到了全区高新技术企业的 80% 以上，并拥有全区 80% 以上的发明专利授权等成果，贡献了 45% 以上的工业产值。在奋勇争先的发展氛围下，依托上下游产业集聚效应，智能制造试点项目以及产学研结合的技术创新体系，麦普数码“撸起袖子”向前跑，科技成果转移转化成效显著，还进一步在世界上彰显了中国的中小企业在自主创新方面令人咂舌的突围功力。在 2019 年广州市经信局组织的德国电子科技展览上，麦普数码就借此机会促进了相关产品在国际上得到认可。

麦普数码的有机光导鼓研发从无到有，再到今天成为全球知名的有机光导鼓制造商，都是在黄埔区打造的科技创新“洼地”上通过自身的不断努力取得的结果。随着知名度越来越高、行业贡献越来越大，麦普数码近年来再次产生了增容扩产的需求。由于黄埔区用地紧张，麦普数码原本打算在增城建设第二期产业园，但在向区政府反映需求并得到了解决问题的承诺之后，麦普数码最终还是决定响应黄埔区“金镶玉”系列政策中关于有效降低企业成本的规定，通过厂房加层、厂区改造、内部土地整理、加大地下空间开发建设力度、强化

"工业上楼"、加快建设现代化"摩天工厂"等途径扩展园区，提高土地利用效率，在有限的空间里创造更大的价值。

如果说大企业是支撑经济发展的"骨架"，那么中小企业就是促进经济发展的"脉络"。大企业"顶天立地"，能够在规模发展、经济效益以及技术创新上挑大梁，但"繁星散布"的中小企业小而专、精而活，在市场竞争中同样是当仁不让。作为吸纳社会就业、完善产业链、繁荣市场经济的关键链条，众多像麦普数码这样的中小企业在黄埔区优质的营商环境和有力的扶持帮助下，也能够由弱变强、由小变大，成长为与本土共生的大型企业，为社会发展贡献更大的价值。

紧抓核心点，千方百计谋创新

打印机、复印机、多功能一体机的核心消耗材料有机光导鼓、墨粉市场的需求主要是原装产品与通用产品，作为市场主体的原装产品市场多为外国品牌占用，国内的有机光导鼓和墨粉产品大多游离在通用产品市场作为替代品出现，这对于国内相关企业的发展来说并没有优势。"有机光导鼓相当于打印机、复印机的心脏，缺少这个部件，文字与图案就完全没办法成像。"深入激光打印机这块领域后，洪林锋愈发强烈地感觉到了掌握核心技术的重要性。“一定要做高难度的、有技术含量的、门槛高的事情，否则就只会陷入被动的局面。”面对有机光导鼓制造技术被国外少数几家专业工厂垄断的情况，洪林锋痛下决心攻克技术难关。

开弓没有回头箭，中小企业要啃下关键核心技术的“硬骨头”，需要带着一股子狠劲儿往前闯。在转向有机光导鼓制造的初期阶段，麦普数码就抢抓机遇、苦练内功，成立了感光材料研究院、铝管挤压厂、高精密铝管加工中心这三个部门为有机光导鼓的制造提供优质原材料。除此之外，麦普数码还投入了大量资金购买研发与生产设备，聘请专家团队和国内外专业的研发生产技术人员潜心研究，严格按照原装厂商的产品标准设计开发，严密把关和检测感光材料，绝不为节省成本而降低对原材料的品质要求，立足基础研究，激发创新的“源头活水”。黄埔区政府、广州开发区管委会也通过项目资助、孵化器等措施助力麦普数码自主研发。经过一系列的攻坚克难，麦普数码最终自行开发出了成套的有机光导鼓生产设备，所生产的有机光导鼓攻克了在使用过程中容易被激光束击穿以及鼓芯耐磨度差等多个技术难题。

说起有机光导鼓研发成功之后的喜悦，洪林锋如是说道：“科技型中小企业在研发上都很舍得投入，那个时候我们对生产设备的投入也很大，一个震动摩擦机器买回来就是 100 多万元。好在黄埔区政府、广州开发区管委会为我们提供了税收减免和融资贴息，还通过建设新一代信息技术的产业集群，打造生产研发全链条的产业环境，极大地减轻了我们的压力。尽管研发投入很大，但赚回来的也多，我们的产品得到了很多认可，甚至有北京的客户拿到我们的产品还激动地流下了眼泪。”

有了核心设备的加持，麦普数码放开手脚生产产品，为市场增添国产信心。2011 年，麦普数码就以自有技术建成了高度自动化的有机光导鼓生产线四条，年产量达到了 1200 万支，其产品不但满足了供应本公司打印机硒鼓生产的需求，还一跃成为国内有机光导鼓三大制造商之一，并成为全国多个大型通用耗材品牌生产厂家的优质供应商。市场没有辜负麦普数码对产品生产质量的高标准坚守，麦普数码因此获得了更多消费者的信任和青睐。截至 2018 年，麦普数码建成了有机光导鼓生产线十一条，年产量达到 7000 万支。

核心技术是企业的生命，是企业爬过坎、发展壮大的根本。除了自主创新，中小企业也可以通过引进消化吸收核心技术实现再创新。2015 年，为了进一步突破有机光导鼓在延长使用寿命上的技术难关，巩固行业领先优势，洪林锋特地携同管理层其他三人前往德国，打算从德国 Hologic Hitec-Imaging GmbH（德国 AEG 公司）引进超长寿命的有机成像鼓技术配方和设备。说起这件事，洪林锋印象尤为深刻。那个时候正值一月份，洪林锋与同事从德国法兰克福的小镇租车前往德国 AEG 公司，准备就购买超长寿命技术配方、工艺和核心生产设备的相关事宜进行谈判。不料快到工厂时车子却在一条结冰的河面上抛锚，无法开动。放眼四周，大雪环绕，冷冽空旷，路程却还有 1 千米多。洪林锋一行人此程行走匆忙，身为南方人的他们并没有准备雪地靴。出于对核心技术的强烈渴望，他们不顾寒冷的天气穿着单鞋下车步行，最终艰难地走到了酒店，通过用温水浸泡冻僵的脚才得以让身体回暖。真正将技术收购的事宜谈妥，洪林锋一行人仅用了三天的时间。在交易条款限制、单价、就业问题等方面经过多次周旋，麦普数码最终拿下了这一关键技术，并将其广泛应用于超高清激光打印硒鼓产品系列，不断优化提升产品质量。麦普数码也因此成为行业内唯一一家拥

有和使用该技术的有机光导鼓厂商，并且在后来进行复印机有机光导鼓制造的时候依然维持了竞争上的发展优势。

2017年，麦普数码收购了韩国数码打印及设备材料专业公司Alpha Alphachem, Co., Ltd（全球知名感光鼓品牌Alpha，以下简称“Alpha”）在中国的工厂，将其感光鼓生产和销售业务收入旗下。据洪林锋回忆，“从接触Alpha到下定决心收购，我只花了十几天时间，这家企业非常优秀”。Alpha除了管理团队素质高、产品品质佳、客户渠道优，还能在市场以及产品结构层面与麦普数码实现互补，麦普数码因此吸收了Alpha在复印机感光鼓领域的高附加值产品。收购Alpha后，麦普数码将高精密铝管加工中心拥有的近百台高精密车床进行了改良，还全面实现了机器人上料、下料的自动化生产，通过一流的高精密加工设备为产品品质保驾护航。此外，麦普数码不仅没有让Alpha从此销声匿迹，还保留了Alpha原有的生产工艺、技术配方和一部分韩国籍员工，将Alpha品牌作为麦普数码旗下的重要品牌来经营，继续发挥Alpha品牌在市场上的优势。

习近平总书记说过，“科技竞争就像短道速滑，我们在加速，人家也在加速，最后要看谁速度更快、谁的速度更能持续。”洪林锋对此感受颇深。尽管麦普数码在技术创新方面主动出击、学习先进、强强联合，但还是面临诸多技术障碍与壁垒。洪林锋介绍说，富士施乐的技术已经能做到自产的碳粉如果不配合自产的感光鼓使用，打印效果就会出现偏差的地步。还有一家专门做打印机、复印机芯片的知名企业，他们每两个月就会对芯片和软件进行升级，如果软件升级被破解之后，他们又会进一步升级固件，加入更多障碍。在激烈的竞争及快速的技术迭代面前，只有不断努力，争先掌握核心技术，才能保持领先。

在“卡脖子”的关键领域获得突破，不仅是中小企业打造自身核心竞争力的重要筹码，也是从根本上保障国家在重大关键领域实现自主可控的关键要素。为此，麦普数码与华南理工大学合作成立了新型材料工程研发中心，并在中心内计划建设创新研发中心、环境模拟室、智能实验室、测试分析室、中试车间、培训基地、有机光导鼓个性定制与智造平台等场地，主要用于有机光导鼓所使用的核心材料研发、超长寿命有机光导鼓研发、打印机和复印机整机研发、有机光导鼓智能装备设计、新材料应用研究，以及相关人才培养和行业标准制定等方面，预计三年内实现核心材料100%国产化。同时配合有关部门，联合、引进区域内相关高新技术企业，打造新型材料研发平台，开展关键共性技术攻关和共享运用，放大协同创新效应。此外，麦普数码还在建设全球首家有机光导鼓“智能工厂”，现在麦普数码大部分制造流程已经实现了自动化，接下来还会对工厂进行智能化改造，实现全部制造流程的无人化，并研究开发以“柔性生产”为核心的相关设备和生产技术，让创新继续引领麦普数码未来的发展。

如今的麦普数码，不仅能够通过Hi-Clarity超清智能硒鼓技术系统和Hi-Colorfresh智能墨水成像技术系统实现打印精度达9色阶的超高分辨率，呈现更加细腻精准的色彩，获得更加持久稳定的打印效果，还聚集了一批包括华南理工大学材料科学与工程学院教授、博士生导师何慧，有机光导鼓技术发明人之一高野繁正，韩国知名有机光导鼓制造企业Hanp筹建负责人、Hanp公司核心技术专家李范晋等专业技术人员在内的专家团队。目前已申报成立省级有机光导鼓工程技术研发中心的麦普数码，未来还将进一步组建国家级工程技术研发中心。作为中国在有机光导鼓核心材料领域唯一掌握研发和制造能力的企业，麦普数码力求彻底打破国外材料供应商对我国打印机、复印机有机光导鼓产业的技术封锁，成为全球有机光导鼓技术领导者。

领先非终点，梦想办成更大事

多年来，麦普数码通过自主研发、企业并购、与高校合作等方式，已经具备了有机光导鼓核心材料研发和制造、设备设计与集成、技术配方及生产工艺的开发能力，打破了复印机有机光导鼓一直以来由日本、德国等外国企业所垄断的局面。目前，麦普数码的技术实力在有机光导鼓行业内位列全球前三，同时也是国内有机光导鼓的龙头企业。其不仅拥有多种有机光导鼓、涂覆机器人控制软件、千级净化车间控制软件、超精密铝管、超长寿命有机光导鼓等几十项知识产权及专利，产品还远销美洲、欧洲、亚洲、非洲等海外市场。2018

年，麦普数码总产值达到了3.5亿元人民币。

拥有1200多款产品、28条生产线，完美兼容国内所有打印机品牌，还能够媲美原装、实现超清持久打印效果的麦普数码，始终以高于行业标准的品控要求为产品品质提供保障。除了开拓国际市场，麦普数码在中国各大城市、区域也相继设立了麦普数码销售网点和麦普数码产品专卖店，以O2O的双线经营，最快捷、最专业的服务为消费者提供与国际市场同步的麦普数码最新产品信息及商业资讯，用高质量、高性价比的国产产品，让更多的国人重新认识并享受到打印体验更好的产品，同时更加关注国产打印耗材的发展。

麦普数码能够成为行业的领头羊，突破外国企业在“卡脖子”技术上的打压与垄断，在国际市场展现中国在有机光导鼓领域的实力和担当，为国内外消费者带来全新的打印体验，就是在办大事。千千万万个中小企业在细分领域做出的改变和贡献，就是中华民族实现崛起和走向强大的底气。

在洪林锋看来，麦普数码只是脚踏实地地做好了每一步的积累，用专业的能力着眼于专业的领域做成了一些专业的事情。“中小企业办大事的准则，就是要在所处行业进行核心技术的投入。凡事有专攻，我们能做的就是去解决这个行业最核心的问题，为国家发展做贡献，同时努力让中国制造成为世界的品牌。”近年来，国家高度重视办公设备以及信息内容的安全，习近平总书记也多次强调要实现政府机关办公设备 100% 的国产化。麦普数码凭借过硬的产品质量，已经连续五年成为中央国家机关打印通用耗材的定点采购中标企业，在打印、复印领域为国家信息安全做出了自主可控的贡献。谈及此，洪林锋依然感到任重道远，“当时区领导来参观的时候，还在惊叹我们区有这么高技术的企业。无论是区领导还是国家层面的认可，我们都很受鼓舞，但同时也感到责任更加重大。不断攻克更高难度的技术，更快速地解决难点问题，我们仍然要不断努力”。

除此之外，麦普数码严格坚守高效安全、节能环保的产品品质以及诚信经商的原则，成为中小企业办大事、践行绿色发展理念和高质量发展要求的标杆。在洪林锋看来，产品品质有保障，企业发展才会存在商机，而有了商机必须用诚信去经营，才能获得上下游供应链的信任，员工才愿意跟随企业发展，企业才能长久地存续下去。麦普数码的名字分别取自“绿色麦田”与“普罗大众”，这正是对麦普数码人自主创新、品质先行，为大众消费者提供高品质、更实惠的打印耗材，落实健康环保理念，以服务奉献精神满足全球客户需求的最好注解。

为者常成，行者常至。不会为了盈利做出短视的选择，用经得起检验的品质和对标原装品牌的先进技术突破同质化产品过剩的恶性竞争。拼搏进取、严于律己的麦普数码每一次都将领先作为了新的起步，从未停止过对梦想的追索。作为港资企业，麦普数码在下一程的发展中会牢牢把握粤港澳大湾区城市群建设的广东经验，响应国家“一带一路”倡议，发展沿线国家市场贸易，充分整合研发、生产、销售、服务产业链，遵循“满足全球客户的需求，成为国际知名品牌”的理念，为成为全球企业 O2O 打印管理服务第一品牌的愿景而奋进，同时继续以行业创新引领者的姿态，瞄准新的发展趋势，为全球客户提供更高品质的打印体验做出新的引领，办成更多更大的大事。

在波澜壮阔的黄埔发展大潮中，麦普数码的未来着实可期，未来的黄埔也一定会涌现更多关于麦普数码的传奇故事。

文 / 李桐

获得的荣誉

- 国家高新技术企业（2016年至今）
- 中国国际商会广州商会理事单位（2019年至今）
- 黄埔区、广州开发区新侨创业示范基地（2019）
- 广东省守合同重信用单位（2005—2020）
- 广州市著名商标（2017—2020）
- 中国公共采购通用耗材十佳最具影响力品牌（2016）
- 全国公共资源交易十佳优秀品牌（2018）
- 荣获“中国出口商品品牌证明书”，成为广州首个获批企业（2019）
- 中国环境标志产品认证（2015年至今）
- ISO 9001/ISO 14001 质量认证体系认证（2008年至今）
- OHSAS 18001:2007 职业健康安全管理体系认证（2008年至今）

邱醒亚

『黄埔有故事』讲述人

广州兴森快捷电路科技有限公司总经理、集团董事长

- 广东省五一劳动奖章（2019）
- 广州榜样（2019）
- 广州市黄埔区慈善达人（2017）
- 中国人民政治协商会议第二届广州市萝岗区委员会委员（2012）
- 中国优秀民营科技企业家（2002）
- 中国印制电路行业协会副理事长
- 广东省印制电路行业协会会长
- 广州市黄埔区总商会第一届执行委员会副主席

- *全球领先的快速交货能力和产品品类*
- *国内拥有 IC 载板技术的四家企业之一*
- *多品种小批量优势：保持超 28 万 / 年品种数交付*
- *24 小时快速交货，样品交期比行业竞争对手快 30%~50%*
- *IC 载板生产线在 2018 年底实现满产，内资载板厂商中唯一的三星 IC 载板供应商*

兴森科技

助力电子科技持续创新的世界一流硬件方案提供商

20 多年前，兴森科技在困境中应运而生。从为华为提供的第一个富有挑战性的小批量订单起步，一个敢为人先、具有新知新觉、始终以引领行业技术创新为己任的科技品牌诞生了。

坚持聚焦 PCB（printed circuit board，印制电路板）和半导体业务，在 PCB 样板领域，兴森科技仅用十多年的时间就实现了“弯道超车”，跻身世界一流。目前，兴森科技拥有全球领先的快速交货能力并覆盖较全的产品品类，可实现 24 小时快速交货。

2012 年，兴森科技向具有极高技术门槛的 IC 封装基板业务全面进军，距离实现国产替代目标更进一步。经过多年的磨炼和持续的研发投入，其 IC 载板生产线在 2018 年底已实现满产，并成功进入韩国三星的供应链体系，成为内资载板厂商中唯一的三星供应商。

从基层技术员到管理员，再到创立公司，邱醒亚带领兴森科技从最初的广州开发区西区一家200人的团队发展到现在集团化规模，实现了事业上的进阶。“我也去过深圳和其他城市，但广州的包容、亲和，让我最是喜欢。”邱醒亚说。现在他已经是一名新黄埔人，和广州这座城黄埔这片区久处不厌。

邱醒亚说兴森科技能够取得如今的成绩和荣誉，仰赖于公司对人才的充分重视，这种良好的人才观也充分渗透到兴森科技的企业文化中。邱醒亚说，在兴森科技，科研人才备受重视，核心人员他都会亲自培养。在新人职业发展的每个阶段，公司都会为他安排带领的师傅或上司，确保新人得到切实及时的指导和规划。在兴森科技务实的文化氛围里，每一个具备真才实学的员工都会被公司管理层看见，并得到重视和提拔，完全不用担心人际问题和怀才不遇。

黑暗里有光，点亮十年艰辛创业路

每个企业创始人都有段奋斗的故事。兴森科技的创始人邱醒亚，最初是在1991年来到广州开发区工作的，一开始他在广州普林电路有限公司任职生产线的一名基层计划调度员。这是一个合资企业，邱醒亚凭借个人扎实卓越的业务能力，不到半年的时间，便晋升为计划经理。

1995年，离开普林之后的邱醒亚加入广州快捷线路板有限公司（兴森科技的前身），担任总经理一职。然而在1998年，由于母公司经营不善面临倒闭，邱醒亚发现自己的事业面临挑战。赶巧的是，当时他正好接到华为生产线路板的订单，不同于常规周期为15~20天的大批量订单，华为需要的这个小批量订单要求3~4天必须交货。在当时的市场环境下，这种小订单需求能够做到的厂家寥寥无几。

尽管工厂设备条件有限，新型业务市场未卜，但邱醒亚希望抓住这个仅有的业务机会让企业起死回生，他决定最后一搏，向朋友借钱，成立专项小组，动员员工集资，顶着巨大的压力，最终顺利完成了订单并从困境中突围而出。之后不到两年的时间，邱醒亚带领的项目组负责的订单质量和交付速度得到了当时大客户华为的高度认可。此时，乘着市场发展之风，这一类小批量业务方

兴未艾，邱醒亚慎重考虑之后决定和项目组成员独立门户成立自主品牌，他本人一下子从职业经理人变身老板正式开启创业之路。

1996—2007 年，广东经济发展迅猛，城市建设日新月异，邱醒亚意识到这是一个黄金时代，他必须把握天时，做出一番事业。跳脱出舒适圈，作为创业人的邱醒亚敏锐嗅到了商机，在 PCB 样板快件领域开启了新征途。

随着国内市场经济体制逐步完善、民营经济快速发展、珠三角先进制造业产业集群迅速崛起，他和团队创办的兴森科技乘着这股“东风”，一路高歌猛进，连续十多年位列中国 PCB 行业百强，并被中国印制电路板协会连续两届评选为中国电子电路行业“优秀民族品牌企业”，并于 2010 年成功上市。

邱醒亚说，最初的十年对企业来说是深刻的十年，但对自己来说则是艰辛的十年。这期间，邱醒亚怀揣个人的初心和理想不断奋斗，也得到了很多一线员工的支持。

邱醒亚经常会和大家分享一个感动他的经典场景：有一个深夜，他出差回到广州开发区，非常疲倦，但他从车窗看到外面依然灯火通明的一排排工厂，里面还有工人们孜孜不倦在忙碌，这让他顿时感到热血沸腾。“我意识到这是一个好时代，繁荣忙碌，一定要把握眼下的机遇让企业站稳脚跟。”邱醒亚说。

晦暗散尽，一往无前勇攀 IC 封装术

21 世纪以来，中国 PCB 行业发展的整体波动趋势与全球 PCB 行业波动趋势基本相同。受益于 PCB 行业产能不断向中国转移的趋势，加之通信电子、消

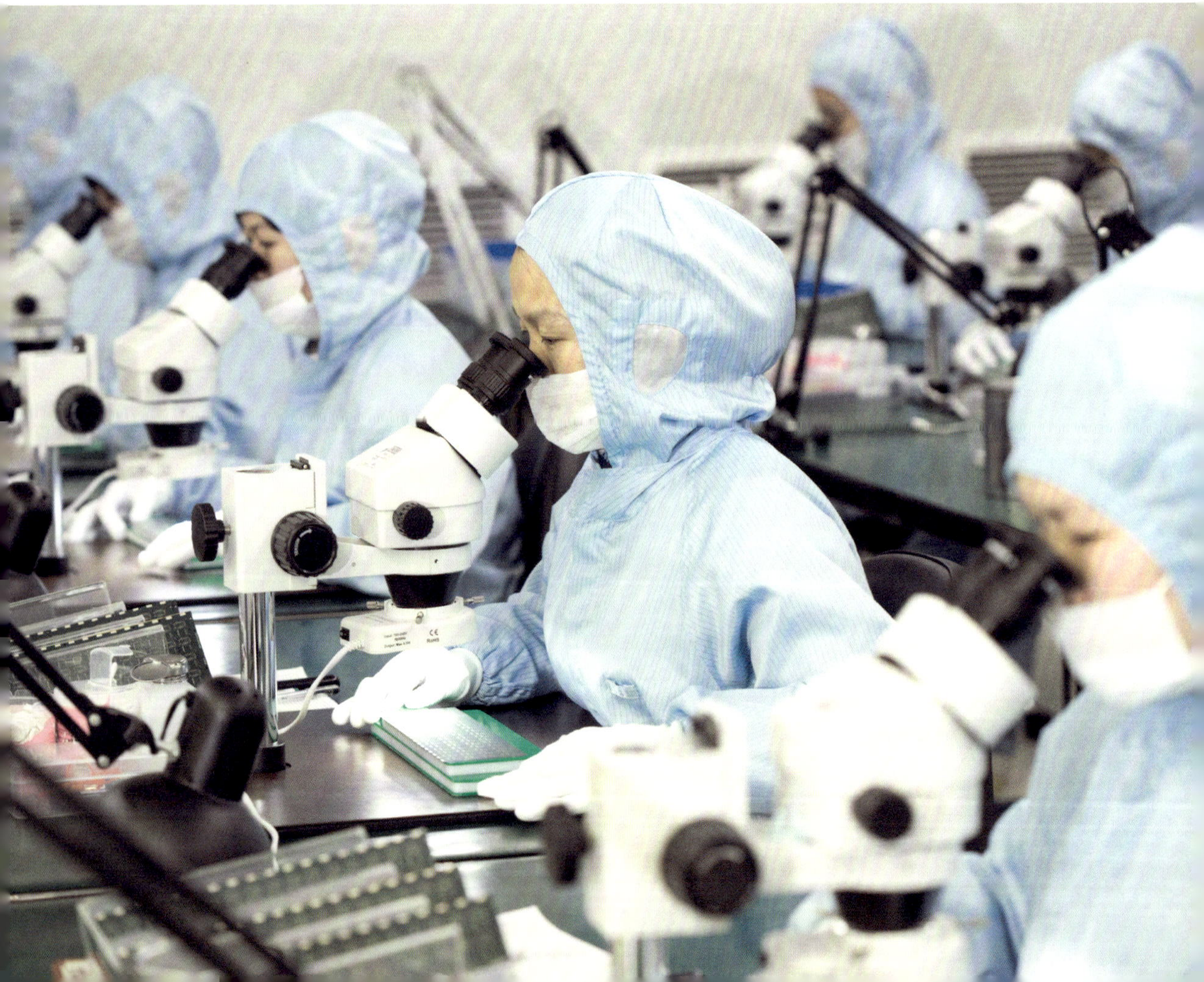

费电子、计算机、汽车电子、工业控制、医疗器械、国防及航空航天等下游领域需求增长的刺激，近两年中国 PCB 行业增速明显高于全球 PCB 行业增速。

此外，全球 PCB 产业不断向亚洲地区特别是中国转移，中国 PCB 产值占比已超过一半。未来五年，中国印制电路板市场在国内电子信息产业的带动下，仍将以高于全球的增长率继续增长。预计到 2022 年，中国 PCB 市场的规模将达到 356.9 亿美元。作为 PCB 龙头的兴森科技将继续享受产业转移带来的红利。

然而，尽管行业产值仍会增长，但 PCB 行业高速增长的时期已经成为过去式，在未来几年全球 PCB 整体市场不会有大的变化的前提下，PCB 行业增速放缓已成定势，这是兴森科技早已洞悉的行业趋势。邱醒亚说，2012 年是兴森科技经历最为阵痛和难忘的一年。这一年，邱醒亚做了一个决定，向产业的下一个高峰——IC 载板发出挑战。

作为一种高端 PCB，IC 载板主要功能是作为载体承载 IC。相对于普通的 PCB 产品，IC 载板生产必须具有精密的层间对位、线路成像、电镀、钻孔、表面处理等技术，门槛较高，研发难度较大，前期需要投入长时间研究，因此涉足者寥寥。目前行业格局仍以国际大厂为主。2018 年，全球 IC 载板产值前十名全是来自日本、韩国以及中国台湾地区的企业。

填补这一技术空白，邱醒亚说，公司早在 2012 年就曾筹划过。邱醒亚在多次考察国外先进企业期间，敏锐洞悉到这种空白技术的填补是产业升级的趋势，并坚定地认为 PCB 的发展需要芯片。芯片的发展离不开基础的封装技术，而具备最高价值的就是封装载板。于是在 2012 年到 2018 年期间，兴森科技从未间断在这一技术领域的研究投入，尽管这一研发项目基本处于持续亏钱状态。

彼时，兴森科技在 PCB 样板领域早已驰名，成熟的业务板块为公司贡献了接近八成的营收，而半导体领域的高技术门槛、长线巨额资金投入、短期低回报率的“烧钱”模式，让邱醒亚在公司内部遭到连连质疑。但即使如此，他依然力排众议，坚定不移将国家科技重大专项项目“高密度封装倒装芯片基板产品开发与产业化”扶上马送一程。

邱醒亚有自己的深思熟虑：进军半导体考量的并不仅仅是眼前的局部利益，而是着眼于产业未来和国家综合科技实力的一步大棋，他谋划的是长远的大布局。此后 5 年，兴森科技累计投入近 10 亿元，前 3 年几乎没有订单，连续 5 年亏损。直到 2018 年开始盈利，以发力半导体为契机，兴森科技首次挺进了行业尖端产业行列，与三星、金士顿、海力士等知名企业开展战略合作。

事实证明邱醒亚当时的考虑是富有远见卓识的。邱醒亚说，IC 封装基板技术的成功具有多重意义。一方面，和华为、海思、三星这样顶级的企业合作，他们的前瞻专业性对兴森科技产业升级、技术创新、人才技能培养、质量和产能交付能力都有积极的督促作用；另一方面，IC 封装基板技术的成功对兴森科技获得其他头部客户群体的信赖起到了举足轻重的影响。邱醒亚介绍说，目前，公司 IC 封装基板业务满负荷运作，订单已经排到了明年。

其实，拥有忧患意识的兴森科技早在 2009 年就开始着手在 IC 封装基板领域布局。经过多年的磨炼和持续的研发投入，于 2012 年，兴森科技在 30 μm 以下的 IC 封装基板取得卓越突破。兴森科技 IC 载板生产线于 2018 年底已实现满产，超预期实现目标，并于同年 9 月获得三星存储的认证。

目前，兴森科技已成为国内拥有 IC 载板技术的四家企业之一。邱醒亚说，IC 载板是实现芯片国产替代的基础之一，兴森科技的项目有国家集成电路基金参与，实现国产替代指日可待。

矢志不渝，专精 PCB 和半导体业务

2019 年是兴森科技投资扩产的关键时期，2018 年扩产的 1 万平方米 / 月 IC 载板产能和可转债项目扩产的 12.36 万平方米 / 年 PCB 产能将于今年释放投产。至于合资公司广州兴科半导体则处于扩产前的基建阶段，以上扩产项目将为公司未来几年提升产能规模和市场份额奠定较好的基础。

据邱醒亚介绍，兴科半导体首期 16 亿元投资处于基建阶段，预期 2021 年年中完成基建和设备安装调试，进入投产阶段。

据悉，兴森科技与各方成立合资公司主要是为建设半导体封装产业项目，

该项目投资总额约 30 亿元，首期投资约 16 亿元，规划产能为 30000 平方米 / 月的集成电路封装基板和 15000 平方米 / 月的类载板；二期投资约 14 亿元。

在市场方面，随着产品结构的改变和迭代加速，刚挠板、高多层板等的市场份额则会持续提升。

降本增效措施效果呈现，成本费用率下降，盈利能力提升，2019 年兴森科技全年业绩向好是最好的印证。IC 封装基板发展势如破竹，刚挠结合板产品顺利推进，兴森科技在一定程度上弥补了目前国内 PCB 厂商高端印制电路板占比较低的问题。5G 基站以及终端产品的全面铺开带动行业景气指数整体提高，公司 PCB 业务的稳定发展加上半导体业务的顺利扩张，兴森科技未来业绩增长持续性可期。

善心反哺，家国情怀实业报国显担当

兴森科技前身是广州快捷线路板有限公司，最早在黄埔区起步。黄埔区拥

有得天独厚的优势，作为广州科技创新走廊的核心组成部分，拥有全市最为密集的科技创新资源，高新技术企业产值约占全市的50%。截至2020年7月底，全区拥有国家认定的高新技术企业538家。立足于这些既有的优势和良好的发展契机，黄埔区将进一步把工作的中心聚焦于科技创新，义不容辞地承担起广州建设国际科技创新枢纽主引擎的责任。

黄埔区出台多种针对高新企业的优惠利好政策。邱醒亚说，兴森科技作为高新技术企业，政府在税收方面给予了很大力度的优惠，承担区、市、省和国家级别的各类科技项目时也会获得支持，比如专项项目“高密度封装倒装芯片基板产品开发与产业化”直接获得国家级别的配套资金支持。兴森科技半导体封装厂这一类的国际级的项目，在用地和税收方面也得到了区政府的明确支持，且被列为重点关注和扶持的项目。

在申请专利方面，区政府给予实实在在的资金支持和相应的配套资助。同时为相关科技人才提供公寓或房租优惠政策，这一类利好对于企业留住人才起到重要作用。针对企业专业科研人才设置有相应的奖项和退税支持政策，这些对于企业留住头部人才极具吸引价值。

十多年来，兴森科技发展之路走得稳健顺畅，离不开黄埔区良好优渥的营商环境和优惠政策。对此，兴森科技一直铭记于心，希望能够输出正能量回馈社会。邱醒亚说，面对新冠肺炎疫情，兴森科技很荣幸参与了医疗设备资助行列。2020 年 1 月 23 日，接近春节放假前夕，兴森科技接到一大批重要客户订购呼吸机和其他相关医疗设备的订单。邱醒亚得知后相当重视，他再三嘱咐务必排除万难优先生产疫情订单。2020 年 1 月 29 日，邱醒亚紧急召集员工恢复了两个工厂的产能专门供应医疗订单，其他订单一律让步。这样的情况一直持续到 2020 年 3 月上旬。

国事当头，兴森科技责无旁贷。邱醒亚说，这种态度不仅是个人的责任感，也是兴森科技作为头部科技企业义不容辞的社会担当。这种家国情怀，植根于兴森科技的企业文化，渗透到兴森科技的每一个员工心中。新冠肺炎疫情期间，一线生产员工始终坚持加班加点并保质保量地完成了医疗订单。2020 年 4 月，这一个月完成全部订单之后，邱醒亚先后收到了来自客户回赠的一面面“最佳紧急援助供应商”嘉奖锦旗，这让他因身为兴森科技一分子而感到无比自豪和荣耀。

多年来，国家大力倡导生态文明，推动生产和生活方式的绿色转型。为响应国家号召，兴森科技以打造绿色智能工厂为主要抓手，走出了一条绿色发展的新路径。

在公司内部，邱醒亚对环保的要求也非常严格：“水、电、气，单耗必须低于行业最严标准，力争处于业内领先水平！”在他的督导下，兴森科技的节能减排工作取得了明显成效，用电量、用水量持续下降，清洁生产的绿色效能大幅度提升，绿色环保的长效机制稳固确立，生态文明的理念也深入人心。

多年来，邱醒亚还投入了大量的时间和精力，参与公益慈善事业，他是黄埔区乃至广州企业家群体里出了名的“热心人”。2017 年，邱醒亚获得了“黄埔慈善榜·慈善达人”称号。在诸多荣誉里，邱醒亚的这个称号并不是最耀眼的，但在他心里的分量却很重。邱醒亚觉得这份荣誉是对企业家参与公共事务理念和创造社会价值的肯定和认可，这是最健康积极的一种正能量价值取向。

2018 年 7 月，邱醒亚组织参与“百企帮百村”项目，为贵州省黔南州独山县百泉镇贫困村捐资 43 万余元，用于兴建扶贫车间。邱醒亚说，能够通过自己的力量帮助村民在扶贫车间里学到一技之长，改变一个家庭贫困状况，是他创业的一份初心和理想。梦想照进现实，让他倍感欣慰。

2020 年，兴森科技把慈善事业聚焦在了教育领域。在和黄埔区政府深入探讨之后，兴森科技和北师大附中签订了战略合作协议，给予一定的项目资金支持。据邱醒亚介绍，第一笔资金已经拨款到位将用于学校的前后门主干道路整改建设，旨在让家长师生们出行更加安全便利。

邱醒亚说，作为兴森科技的一分子，能够为黄埔的教育贡献一己之力，他感到荣幸之至。目前的生活，让他非常满意，事业顺利、家庭安康、宜人的环境、友好的物价，让他内心充满归属感和幸福感。邱醒亚也由衷希望黄埔区能够成为一个无论本地人还是外地人都能够安身立命、安居乐业的家园和乐土，他期待，黄埔区孕育更多精彩故事和美丽佳话。

文 / 王彩

获得的荣誉

- 广东省高新技术企业（2019）
- 国家知识产权示范企业（2019）
- 第二十一届中国专利优秀奖（2019）
- 第六届广东专利银奖（2019）
- 承担国家“极大规模集成电路制造装备及成套工艺”等3项省级项目和10多项市区级项目（2019）
- 广东省创新型企业（2018）
- 广东省科学技术奖三等奖（2018）
- 第十八届中国电子电路行业排行榜“综合PCB100强企业”第16名、“内资PCB100强企业”第5名（2018）
- 广州市创新标杆企业（2017）
- 广东省知识产权示范企业 （2016）
- 广州市行业领先企业（2016）
- 广州市科学技术进步奖二等奖（2016）
- 广东省工程技术研究中心（2015）
- 广东省企业技术中心（2014）
- 广东省高密度集成电路封装及测试基板企业重点实验室（2014）
- 累计申报国内专利826项（2009—2020）、PCT国际专利68项（2014—2019）

汤丽君

『黄埔有故事』讲述人

广州市昊志机电股份有限公司董事长

- 广东省制造业协会第二届理事会会员（2018）
- 广州市十五届人大代表（2018）
- 获广州市三八红旗手称号（2020）
- 广州市黄埔区工商联副主席（2018）
- 广州市工商联执委（2017）
- 《广东科技》杂志副理事长（2015—2016）
- 广州市黄埔区教科文卫工委委员
- 截至 2019 年底，累计申报发明专利 22 项，实用新型专利 2 项

● *2016 年 3 月，昊志机电成功登陆深交所创业板，是国内专业生产电主轴行业的第一家上市公司*

● *截至 2019 年底，昊志机电获得了有效授权专利 493 项，其中发明专利 73 项*

● *获得国内机器人行业颁发的首张谐波减速器 CR 证书，挑战世界级精度与寿命*

● *具有超高效加工解决方案，零点定位系统采用锥孔自定心，锥孔精度可达 1 μm，重复定位精度可达 3 μm，出厂前严格校正零点定位与转台的配合精度，保证机台只需寻找一次零点即可满足加工精度*

昊志机电

“超精”创造奇迹，“智造”引领未来

经过三十五载风云，黄埔区已成为培育“隐形冠军”的创新工厂，众多企业扎根在此成为推动黄埔区发展的参与者与见证者。其中，昊志机电凭借对产品精密的执着追求，加速追赶国外先进水平和行业，以质量过硬的产品赢得了市场话语权。昊志机电的主营业务——电主轴在国内市场的占有率约为 40%，在目前国内的电主轴领域研产销规模最大，已成为国内领先、具有国际竞争力的主轴行业领军企业。

从高速精密电主轴及其零配件的研发设计、生产制造和维修服务起步，昊志机电通过坚持不懈的技术攻关和持之以恒的品质管理，在电主轴领域实现了

领跑，打破了国外的长期垄断，爆发出了中小企业能办大事的惊人能量。回顾过往，展望未来，作为电主轴行业领导者的昊志机电，承载了新时代赋予的新历史使命。昊志机电仍将在重点领域对核心技术进行突破，与黄埔共谋发展、共赢未来，不断探索办成更大更重要的事。

从“零件加工小厂”蜕变为“机电龙头”

昊志机电最初是一家贸易公司，主要为PCB厂商提供原辅材料。在与PCB厂商合作的过程中，团队发现电主轴的国产化率很低，由于电主轴技术含量高、制造难度大，全球仅英国西风、ABL等少数国外厂商具备生产、研发的能力，这个行业的电主轴基本都是依赖进口，而且极度傲慢，产品主要依赖进口，不仅价格昂贵，维修也很不方便。

摸清了市场现状的团队看到了其中的商机及市场前景，抱着不被国外电主轴厂商“掐住脖子”的信念，萌生了自主研发生产电主轴的想法。从2002年开始，汤丽君、汤秀清姐弟着手组建团队进行电主轴的研发，经过大约3年的技术攻关，昊志机电掌握了电主轴的一系列关键技术，填补了国内电主轴在PCB行业的市场空白，并在行业内建立起自己的品牌，成功研制出了第一款电主轴产品。2005年1月，广州市大可精密机械有限公司成立，这表明昊志机电正式进入了电主轴专业生产领域。2006年，大可精密与深圳市大族数控科技有限公司合资设立了广州市大族高精电机有限公司（昊志机电的前身），专业从事高精密电主轴及零配件的研发、生产和销售。

随着国产数控机床的迅猛发展与关键功能部件配套跟不上的矛盾日益凸显，长期依赖进口的现状让我国中高档数控机床的市场竞争力受到限制，过长的采购及维修周期也进一步增加了企业成本，这导致国内的制造业发展停滞不前，大部分企业还是主机厂剥离的以自我配套为主的电主轴生产厂。但昊志机电坚持自主创新，为树立自主民族品牌不懈努力，以打破国外垄断、振兴民族装备制造业为己任，相继研发出了应用在不同领域的各类产品，并通过首创的“建站服务”“统包维修”等颇具特色的服务模式，在响应速度、故障排查等方面加强产品的售后维修服务，有效满足了客户的各种差异化需求。

同时，在技术水平和性能相同的情况下，昊志机电生产的电主轴价格相较进口电主轴至少低了三分之一，这使昊志机电在与国外品牌的直接竞争中占据了明显优势，国内市场份额也因此扩大。2006 年至 2009 年，昊志机电逐渐成长为初具规模的专业电主轴研、产、销企业，其产品也获得了越来越多客户的信赖和认可。技术过硬、产品扎实、策略起效，昊志机电虽然不是科技巨头，却以小体量取得了突出的创新成果，在众多同类的生产厂家中脱颖而出，牢牢掌握了发展的主动性。

2010 年，大族高精更名为广州市昊志机电有限公司，这次更名寄托了昊志机电宏博远大的志向。同年，公司就搬入了新厂房。带着“成为主轴行业世界顶级的设计与制造公司”的愿景，“为振兴中国装备制造业，打破国外垄断而奋斗不止”的使命，昊志机电继续在核心技术、产品售后以及品牌影响力方面不断开拓创新，立志把公司打造成为国内第一家专业生产电主轴的上市企业。

2011 年，昊志机电进行了股份制改革，建立了与企业发展相适应的各项规章制度，引入 PLM（产品生命周期管理）、CAPP（计算机自动工艺过程设计）、

ERP（企业资源计划）、MES（制造执行系统）、CRM（客户关系管理）、SRM（供应商管理）、CHR（人力资源管理）、OA（办公自动化）等信息管理系统，并于2013年成功导入卓越绩效管理模式，使公司逐渐成长为国内主轴行业的领头羊，树立了公司主轴行业领军者的品牌形象。

尽管国产高端装备采用的主轴、转台、直线电机、机器人等功能部件仍严重依赖进口，但我国的装备制造业发展迅速，需求结构加速升级，下游行业对加工的质量、精度、效率的要求不断提高，核心功能部件受到了市场的更多重视。昊志机电经过前期的积累，产品品种齐全、技术性能优异，不仅实现了大规模进口替代，还成功地实现了出口，赢得了良好的市场声誉。2016年3月，昊志机电成功登陆深交所创业板，成为国内专业生产电主轴的第一家上市公司。

一直以来，昊志机电不忘初心，牢记“为助力全球先进装备制造，提升人类美好体现而奋斗不止”发展使命，专注于数控机床和机器人核心功能部件领域，始终倡导“坚持做一件事、聚焦做一件事，简单的事情做到极致”的工匠

精神理念。面对日益剧增的市场需求，昊志机电在发展多功能、高性能的电主轴产品基础上加快推动电主轴的标准化工作，同时加快推动行业规划和整合，为全球高端装备制造业和智能制造行业提供产品及服务，致力于做强做大。

2017年至2020年年初，昊志机电相继收购了东莞显隆、湖南海捷2家公司以及瑞士瑞诺集团（Infranor集团），进一步拓展了公司控制器、伺服驱动、伺服电机的业务布局，推动公司业务稳步向数控机床和机器人核心功能部件全领域横向扩张。伴随着业务的扩张，昊志机电的厂区也在逐步扩大。从原厂区到“江东厂”，从第二厂区“田园厂”的投入使用到目前“禾丰智能制造基地”的抓紧建设，昊志机电的产业布局更加完善。

经过十几年的历练，昊志机电务实的工作作风和创新的经营理念已经深耕于各细分领域，在产品种类、技术水平、服务质量不断进阶的过程中，成为产品系列化、生产规模化、业务专业化的中高端电主轴专业制造商和综合服务商，成为在国内外市场都具备竞争力的“机电龙头”。这一华丽转身，无疑为“中小企业能办大事”写下了生动的注脚。

在新技术的孕育中追求品质的极致

科技创新是引领企业发展的第一动力，是保证国家经济、社会安全的利器，也是实现人民高品质生活的需要。为了保持核心技术的领先优势，促进更多科技成果的转化，昊志机电建立起了先进、完整的研发体系。除了长期聘用行业专家作为公司的技术顾问，与国内著名高校、研究所进行联合研究外，昊志机电还少有地建立了广州昊志机电—哈工大电主轴联合实验室、电机联合实验室等近10个实验室。通过这种产学研的协同创新，昊志机电不断探索新的研究手段和方法，并将数字化样机技术成功应用于产品研发、生产制造、品质监控的各个环节，稳固公司在自主知识产权与核心竞争力上的发展优势。

近年来，昊志机电的研发投入占营业收入的比重均达10%以上。从国内外引进500多台先进机床设备后，昊志机电通过无数的试验和摸索，不断优化工艺路线和工艺参数，设计科学合理的工艺流程，并且对装配流程中每一个程序所用工具、检具，以及装配、检测方法，技术规格等都进行严格的要求和控制，以确保整机性能能可靠地完成对原材料的硬度、组织、力学性能以及产品或零配件在外形、粗糙度、精度、输出性能、质量平衡性、电气性能等各项参数上的测试和检验，加强过程控制能力，最终形成了精密微孔加工技术等一系列国内领先、成熟稳定、合理高效的精密加工技术。

创新的核心是人才，将一大批有识之士聚拢起来，企业的创新活力才能持续迸发。昊志机电目前的研发团队共计 240 余人，研发人员占到了员工总人数的 19% 左右。且大部分来自全国知名 985 高校，为公司实现可持续发展和持续的技术领先做出了重要贡献。人才作为新时代最宝贵的资源，各大城市都在争相抢夺。黄埔区并没有将引才作为终点，而是把留住人才发展作为终极目标，首创全链条、全覆盖的人才服务模式，各种类型的人才都可以获得从创业、工作到居住、生活的一条龙服务。汤丽君说："开发区人才工作做得好，企业发展很安心。引导人才投身到关键核心技术的研发中，扎根黄埔，他们才能心无旁骛地啃'硬骨头'。"

中小企业要想在科技创新的道路上走得长远，同样离不开精准的战略定位。秉承"立足自主创新技术、服务全球先进制造"的发展战略以及"想出创新、做出艺术、卖出骄傲"的企业理念，昊志机电通过建立健全公司创新体制、机制，打造创新平台，加大创新投入，实现了核心专利技术的产业化，并且拥有所有核心技术及产品的自主知识产权。截至 2019 年底，昊志机电获得了有效授权专利 493 项，仅发明专利就有 73 项。

此外，在电主轴行业缺少行业标准、国家标准甚至国际标准的情况下，昊志机电还践行"一流企业做标准"的目标，将企业产品技术与标准融合。其自主研发的气体静压电主轴、气浮高速电主轴等多个产品就都达到了国际领先水平；昊志机电的起家产品——PCB 成型机主轴的技术和稳定性方面已是国际最高水平，现在已经完全替代了进口；150 系列加工中心电主轴在国内占有率也达到了较高水平，并且在国家工信部"高档数控机床与基础制造装备"科技重大专项（简称为 04 专项）中缩小了大功率电主轴国内外技术差距。目前，公司

已经形成了行业标准 4 项、产品标准 8 项、产品零件设计标准 150 项。凭借超强的发展实力与突出的行业贡献，昊志机电还承担过 2016 工业强基工程项目、2017 国家重大科学仪器设备开发重点专项等项目，为国家深化科学技术创新事业贡献了一份自己的力量。

瞄准高精尖领域着力攻关，避免企业发展中“卡脖子”的隐忧，像昊志机电这样的中小企业都是靠自己的拼搏催生出来一批原创成果，为经济的高质量发展以及科技强国的建设提供有力支撑，它们在全球产业链、价值链、供应链上都可堪称优秀企业，对于国家拥有自己的“大国重器”来说，功不可没。

在黄埔福地上专心办大事

自习近平总书记 2018 年在黄埔区考察时发出“中小企业能办大事”的感叹之后，“如何让更多企业办成大事”便成为当地人思考和行动的重点。除企业发展自身的运营管理外，中小企业在“无人区”探索，在高端产业寻求突破点，也需要政府在项目建设审批、土地供给以及融资等方面跟上企业扩张的速度，提供全面且精准的服务。

近年来，黄埔区以争创国家营商环境改革创新实验区为突破口，成立了广东省首个也是北上广深 4 个特大城市中第一个营商环境改革局，通过践行“人人都是营商环境、处处优化营商环境”的模式，在优化制度、深化改革、创新政策等方面破除中小企业发展的障碍，同时也为特大城市营商环境的改革提供了鲜活的“黄埔样本”。

汤丽君说，黄埔区是昊志机电的福地，中小企业在黄埔具备办大事最强有力的保障。黄埔区不仅为昊志机电提供了包括土地、税收、社保等物质方面的支持，各级领导更多次莅临公司实地调研，聆听企业心声，提出了宝贵的专业指导意见与建议。承担着广州科学城五年实现大变化的殷殷重托，黄埔区奋勇争先推动“四个走在全国前列”在黄埔落地有声，设身处地为企业发展考虑，毫不动摇地鼓励民营中小企业发展，保证中小企业公平参与市场竞争，积极为支持民营中小企业营造更好的条件。

资金一直是中小企业发展的“老大难”。即便手握自主创新的独家技术，众多中小企业也很难将其转化为现金流。针对这一问题，黄埔区构建了多元化的知识产权金融服务市场，落地了全国首个纯专利知识产权证券化产品，形成了“质押融资—投资基金—融资租赁—证券化”的知识产权支持供应链，并且在探索“不收费、无费区”试验的过程中进一步减轻企业负担。通过配套的资金扶持与精准施策，昊志机电不仅被认定为国家知识产权示范企业，也多次化解了资金筹集的难题。

2002—2017 年，昊志机电获得区党委和政府支持项目约计 80 余项，获区政府扶持的金额合计约 8000 万元人民币。凭借“高速高精度电机性能综合测试仪”，“高精度、高可靠性的智能机器人用谐波减速机关键技术研究”，全球电主轴领域第一条 5G 智能自动化生产线等重点项目的建设，昊志机电得到了国家财政获批的资金支持。汤丽君回忆说，在申报国家工信部工业强基项目及 04 专项项目的过程中，区领导多次在时间紧急的情况下帮助昊志机电与省市及国家层面的有关部门联系、沟通，最终成功促成了该项目的立项，获得了国家工信部支持的财政资金 2000 万元。

此外，根据中小企业所处的不同发展时期，黄埔区还会制定有针对性的扶持政策，畅通企业发展路径。在发展成熟期阶段，昊志机电就获得了区政府在上市材料审批、并购维权、场地需求等多方面的服务支持。汤丽君还记得，2019 年年中的时候昊志机电筹备收购瑞士公司，但由于外汇管制，项目无法有效推进，如资金无法正常到位，公司将承受重大经济损失。区政府相关领导在得知消息、了解事情原委后，连夜组织紧急专题会议商讨解决方案，第二天就带领昊志机电负责人一起向省有关部门汇报请示。在不懈的努力下，整个收购项目取得了圆满的成功，这个项目后来在黄埔落地，取得了良好的经济效益。汤丽君感慨地说："政府工作人员设身处地为企业着想，切切实实做好了服务，让企业发展没有了后顾之忧。在这样的环境下，企业也更有动力不断取得新的发展突破。"

随着"中国制造 2025"的提出，战略性新兴产业成为新的增长极，制造业的发展高度再上台阶，区政府还通过"总部企业奖励""循环经济扶持""转型升级奖励"等政策聚焦新旧动能转换，对先进制造业与现代服务业进行深度融合，加快制造业由制造转向"智造"，以实现区内企业的高质量发展。为此，昊志机电在智能制造方面又开拓了机器人减速器和转台等产品线，这些领域也将成为公司未来几年重要的研发方向和新的业务增长点。2018 年在区政府的推动下，昊志机电成功入选广州市市长质量奖，这更加坚定了昊志机电追求卓越的发展信心。

作为"广深港澳科技创新走廊"的重要一极，黄埔区正在全力打造粤港澳大湾区国际科技创新中心核心枢纽，力求在知识产权服务融通、融资租赁、产业链完善、仲裁调解等方面推进粤港澳三地的互认互通，以"立足广东、辐射华南、示范全国"的效应引领创新的驱动发展。企业至上、产业集聚、开放包容，汲取千年通商的开放基因，黄埔区继续用好改革开放的"关键一招"，遇山开路、遇水架桥，踏着稳健的步伐，让这里成为企业、人才距离成功最近的地方，成为创业的一片热土。

深感区域便利以及黄埔区政府对中小企业的真诚关怀，昊志机电将继续聚焦主业、加强自主创新、创造更多就业机会、推动区域经济发展，更加重视核心技术的研发，为书写中小企业能办大事的篇章中添上更加浓墨重彩的一笔。

做新时代办大事的“弄潮儿”

从最开始的 PCB 行业主轴到数控雕铣机、高速加工中心、车床、磨床、木工机床、机器人等数十个领域的核心功能部件，昊志机电已经构建了数控机床核心功能部件和机器人核心功能部件“整机—配件—服务”紧密结合的完整业务链。经过研发、制造、客户、品牌等方面的多年积累，昊志机电早已在电主轴行业成为领军企业，在其他核心部件领域打破国外掐脖子的禁锢，却始终能够带着强烈的紧迫感与责任感向前奋进，充分体现了中小企业能办大事的使命担当。

2020 年初，在新冠病毒蔓延全国、防控物资紧缺之际，昊志机电于 2 月 5 日积极响应，主动参与了多家企业联合推进的口罩机研制生产项目任务。面对时间紧、任务重的压力，汤丽君亲自部署，立即成立了复工复产专项小组，调动一切资源以高标准投入到口罩机紧缺的核心零部件“超声波焊接机”的研发与生产中。同时，昊志机电也将企业的疫情防控工作放到了重要位置，坚决遏制疫情向厂区蔓延，严防事故发生。3 月至 5 月期间，昊志机电向市场输送了近万台的超声波焊接机，保证了市场的口罩机供给，有效缓解了疫情物资需求的供应紧张。

举国战“疫”之下，昊志机电多措并举，对内做好防控管理，对外鼎力支援口罩机研制生产企业，积极践行社会责任，还收到了广州工业机器人制造和应用产业联盟等机构的感谢函，为支援疫情防控、整合资源、稳定就业、保障民生贡献了重要力量。

在快速的反应能力背后，是昊志机电十几年积淀下来的专业能力，以及对关键核心技术的掌握。如今，站在人工智能、5G 布局以及“中国智能制造”战略规划的新起点上，昊志机电仍在不断进行质量、效率以及动力变革。在智能制造领域，昊志机电已经建成了广东省智能制造示范基地，拥有国内电主轴领域第一条无人自动化生产线，该生产线还曾被评为“广东省智能制造试点示范项目”以及“广州开发区 2018 互联网应用创新标杆示范项目”。这条无人自动化生产线包括自动化立体仓库、AGV（自动导引运输车）小车、PLC（可编程逻辑控制器）、机器人和高端数控机床等硬件，MES（制造企业生产过程执行管理系统）、PLM（产品生命周期管理系统）等软件系统和赛宝质云平台，部署了 26 个智能化生产单元，开发了包括生产过程可视化、质量优化、设备管理、设备故障预测、工艺优化等五个工业软件应用，这些软硬件的集成及调试也都已经全部完成。此外，昊志机电还通过物联网技术实现了 300 台设备对平台的联网接入，实现了对智能车间生产设备实时的数据采集和指令控制。

为了实现“助力全球装备制造、提升人类良好体验而奋斗不止”的使命，昊志机电还希望具备更强的智能化柔性生产能力。在坚持不懈的努力下，昊志机电获得了广东省首批“5G+ 工业互联网应用示范”以及“省工业互联网标杆企业”等荣誉称号。按照“主导产业引领、核心企业带动、产业生态支撑”的发展思路，黄

埔区正在实施“中国智造标杆工程”，全面推行“AI+”计划，并加大5G示范区以及区块链技术的应用力度，建设科技创新集聚带和先进制造业提升带，打造国家级工业互联网技术创新中心，助力黄埔的制造型中小企业更加出新出彩。昊志机电也将不断通过智能系统的测试实验完善应用，积极探索新的技术应用，推动整个智能制造行业实现更高质量的发展。

科技是国之利器，国家赖之以强，企业赖之以赢，人民生活赖之以好。当前世界的科技竞争更加激烈，如“毛细血管”散布的中小企业在细分领域勇攀高峰，凭借“船小好掉头”“说干就干”的灵活性，带着巨大的勇气和“十年磨一剑”的毅力赶超先进，为我国实现关键核心技术的自主可控，把握千载难逢的历史机遇，站上世界科技竞争与未来发展制高点打下了坚实基础，也为我国经济社会发展、中华民族伟大复兴梦的实现聚集增添了更多底气。

中小企业办大事的奇迹每天都在黄埔上演，谱写出一幅幅催人奋进的画卷。创新才能决胜未来，踏上新时代动人心魄的新征程，昊志机电还将寻找新的发展突破点，争打头阵、争挑大梁，为祖国强大、人民幸福做出更大贡献，助力中国携手世界各国共建人类命运共同体。

文 / 陈淑文、李桐

获得的荣誉

- 广东省法治文明建设示范企业（2019）
- 国家知识产权示范企业（2019年至今）
- 国家知识产权优势企业（2018年至今）
- 国家工信部专精特新"小巨人"企业（2020）
- 中国专利优秀奖（2018）
- 广东省知识产权示范企业（2018）
- 广州市市长质量奖（2018）
- 国家高新技术企业（2017）
- 广东省名牌产品（2017）
- 广州开发区“瞪羚企业”（2017）
- 广州开发区突出贡献优秀企业（2016）
- 广州开发区专利创造20强（2015）
- 国家重点新产品（2014）
- 广州市经济社会贡献优秀民营企业（2012）

彭学文

『黄埔有故事』讲述人

广州腾龙健康实业股份有限公司现任董事长

● 湖南师范大学外国语学院创新创业导师

- *其独家研发设计的钢针旋转结构喷嘴及螺纹喷嘴，解决了困扰行业已久的技术问题。此两项技术被称为行业内革命性成果并已在国内及北美地区获取专利。*
- *它是我国在 LED 照明和装饰领域起步较早的企业，是全球首个将 LED 灯引入按摩浴缸市场的企业，技术沉淀充足，市场定位明确。*
- *截止目前为止，它已成为全球范围内第二大 SPA 按摩浴缸类产品的配件供应商，同时也是该行业全球最大的 LED 产品提供商。*

腾龙健康

从“制造”到“创造”，民族实业打造史

1999 年是彭学文离开学校到广东“下海”的第六个年头，经过在 2 家贸易公司踏实任职的锻炼与资源积累，彭学文觉得时机到了。他辞去当时加拿大耐尔森公司中国部经理的高薪工作，协同其同窗刘学文创立了佛山市顺德区二蔚贸易有限公司。自公司创立开始，彭学文与刘学文就一直利用自己扎实的语言优势，在国际贸易之间寻找蓝海。最终两人舍弃了在当时看起来更容易做的母婴类产品，将目光锁定在当时市场基本空白的 SPA 按摩浴缸和 LED 行业。又经过了几年的摸索，两人决定将之前的蓝海贸易转化为民族实业——从进口销售到自主研发生产。这是一次需要决心的转型，摆在前面的难题就是需要掌握和创新技术。2001 年，中山腾龙健康日用制品有限公司成立，两人选择了一条难走的路，开启了风雨兼程的研发创新之路。

2005 年，腾龙健康成功在北美、澳洲，以及中国申请其核心产品的“非

轴承钢针旋转喷嘴”专利，公司进入全新阶段。2009 年，受广州开发区的盛情邀请，广州腾龙健康在正式成立后将营业主体迁往广州开发区。始终秉承着“自主知识产权”战略和“创新驱动”战略，在区位优势明显，政策虹吸效应大的广州开发区，腾龙健康坚持在世界范围内做中国民族品牌的战略方针，在全球市场推广中国原创的设计和产品，通过多年的市场磨砺，腾龙健康的经营管理团队日趋完善，现已搭建了一个覆盖全球多个国家和地区的集营销、生产、服务于一体的网络，并且在美国成立了自己的销售、仓储和物流中心。腾龙健康以国际一流的技术、一流的品质打造出了“中国创造”的民族品牌，并将品牌的旗帜插到了一个又一个国家。近年来，国内的企业及相关产业联盟纷纷上门，以谋求共同发展、互利双赢的格局。2018 年，腾龙健康正式启动 IPO（首次公开募服）项目，各分公司完成统一整合，向打造具有国际影响力的中国民族企业的目标前进。

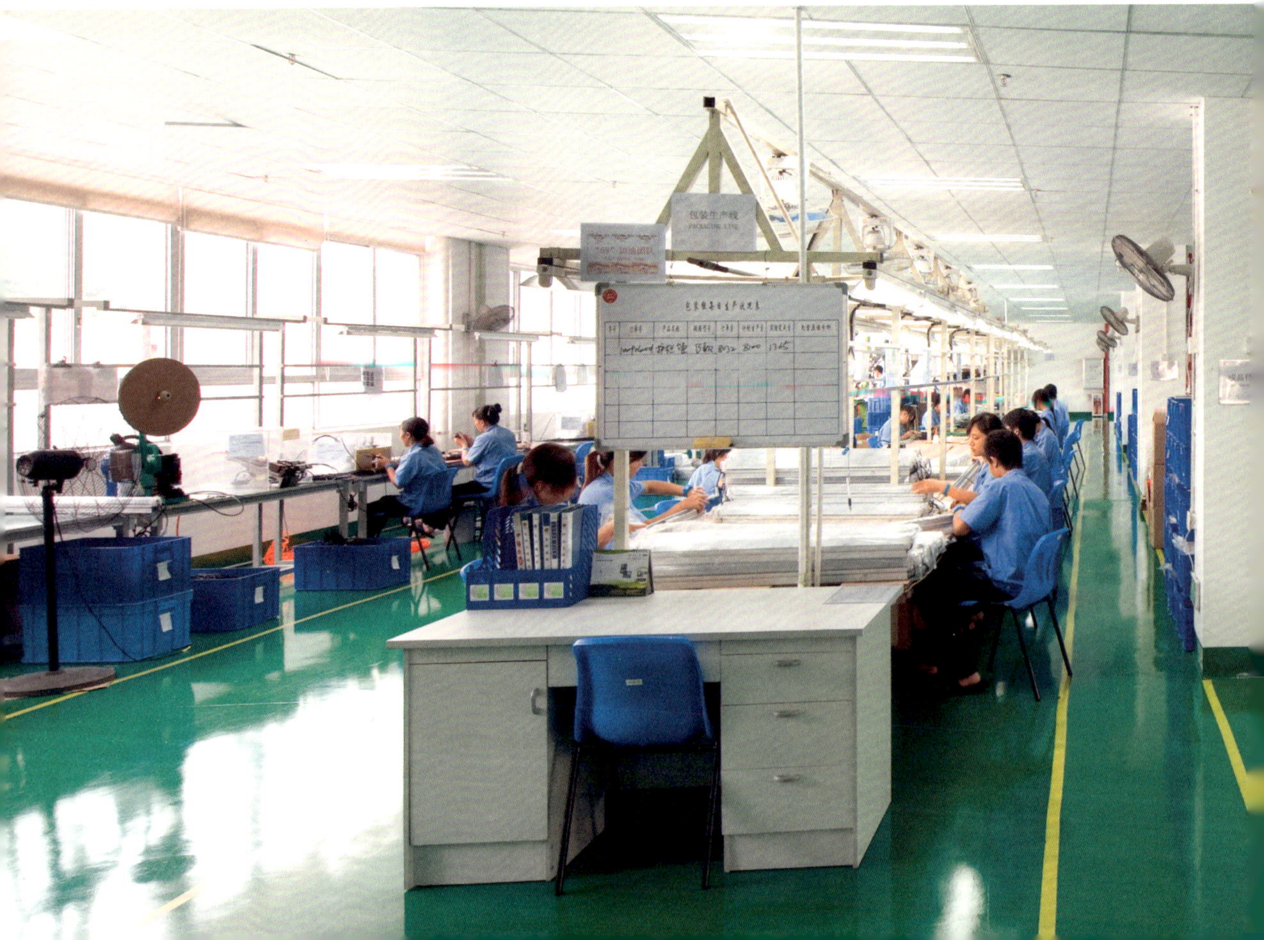

厚积薄发，稳健踏实的“下海”之路

1989年，彭学文顺利从湖南师范大学外国语学院毕业，作为同龄人中的佼佼者，他成功留校任教于大学英语部。可这样在当时令大家都艳羡的安稳自在的生活并没持续几年。也许是因为所学学科的原因，彭学文拥有更多的机会去学习、了解、掌握来自世界各地的资讯。得到的信息越来越多，他想要走出去看看的想法就越强烈。1992年，彭学文不顾家人的反对与阻挠，辞去湖南师范大学大学英语部助教的职务，带着两个月的工资，只身一人来到广州，开启他漫长的“下海”之路。

彭学文骨子里是一个非常严谨的人，对事情有着详细的规划，“下海”不是一件拍脑袋的事情。到达广东后，彭学文没有立即创业，而是选择先进入公司工作。这样一方面得以安身，另一方面可以学习观摩，熟悉企业的基本运作模式。1992年，彭学文凭借优秀的外语能力加入华宝精细化工厂，担任翻译工

作。其间他的主要工作内容是负责翻译众多进口机器设备安装调试教程及商业沟通。也正是通过这两年左右的翻译工作，彭学文接触了大量国内外的客户，并充分了解了客户的需求，掌握了许多用于项目合作洽谈的技巧。但翻译工作能接触到的内容毕竟有限，彭学文于1994年辞去翻译工作，进入外企加拿大耐尔森公司，并仅用4年时间就升至中国部经理。这一工作经历让彭学文更加全面地了解了有关公司运营的各个方面，极大地提高了他对市场动态的观察力，更提升了他的管理能力与组织能力。

师夷长技以发展，一条难走但踏实的路

创业者多如牛毛，而成功者却如麟角。彭学文认为，创业从来都不是一条平坦的大道，这是一条蜿蜒崎岖、满是荆棘的小径，对于在上面行走的人有着极高的要求：独到的眼光、过人的胆量、强大的内心、坚定的信念，以及良好的管理能力、组织能力、人际交往能力等缺一不可。

创业，道阻且长，故至者少，恒者方达。就这样，彭学文在广东打工超过6年。经过这几年的积淀，他认为时机到了。1999年彭学文创办了佛山市顺德区三蔚贸易有限公司，主要从事进口产品贸易工作。凭借在行业内多年的工作经验和积累的资源，彭学文的公司在贸易中获得了比较稳定可观的收入，完成了自己第一桶金的沉淀。“充当商品中间的买卖者，这个生意真的能做长久吗？”彭学文开始反思公司未来的发展方向。一阵思索过后，他做了一个重要的决定：要将之前的蓝海贸易转化为民族实业。2001年，中山腾龙健康日用制品有限公司正式成立，彭学文开始向着自主研发产品的技术领域进军。

腾龙健康成立之初，按摩浴缸产业在国内还未兴起，主流市场还是在美国和加拿大。国内的同行竞争者也不多，但国内技术基础基本为零，自主研发成本高，耗时长，是一件非常困难的事。可彭学文非常坚定——这是一条难走但走得踏实的路。腾龙健康充分利用贸易中积累的资源，积极主动申请参加北美最大的泳池与按摩浴缸行业展览会——International Pool Spa & Patio Expo。该展会是北美泳池与按摩浴缸协会举办的规模最大的行业展览，每年都会有大批量

的行业内相关企业参加，也是行业内各商家认可的专业展会。2001 年，腾龙健康首次成功在美国拉斯维加斯参加了展会。同年腾龙健康与加拿大最大的按摩浴缸生产商达成合作，这标志着腾龙健康正式进入北美市场。

由于按摩浴缸是高端休闲产品行业，腾龙健康刚刚参加展会的时候，国外客户对这个名不见经传的中国公司表现出不太信任甚至是怀疑的态度。几年后，开始有一些国外的客户看到了腾龙健康的技术优势，有公司提出想使用腾龙健康的技术，但要求为他们做独家贴牌生产。这次合作邀约对持续参展三年几乎没有得到任何订单的腾龙健康来说算是一次机会，但彭学文却非常坚定地拒绝了。“宁可不做这个生意，也不能失去了自己的品牌和技术价值。”这也是他创立腾龙健康的初衷。

不做贴牌，要让自己的品牌走出去。彭学文决定在全力钻研技术的同时，花心思做好品牌建设。随着腾龙健康不断坚持出现在国内外各类行业展览会，并且持续在海外的行业杂志上投放广告，市场逐渐对腾龙健康这个来自中国的

品牌和产品有了印象。在当时，这一领域几乎被国外的品牌承包了，各种产品的价格和技术上都存在固化问题。有一些寻求突破、渴望创新的客户就成了腾龙健康的首批合作伙伴。最终在首次参展后的第四个年头，腾龙健康带着最新产品亮相展览会，并成功获得了两个重要的客户。此后，腾龙健康的业务逐步发展起来。“获得了宝贵的合作机会，我们当然是要做到最好，不能让给我们机会的人失望。”说到做到，在随后十几年的合作中，腾龙健康不断在技术上取得突破。腾龙健康的合作伙伴在良好的合作中获得了中国制造和中国品牌带给他们的增值效应，市场份额不断扩大，成了行业内增长最快的客户。腾龙健康的品牌影响力也随之大大增强。

技术是第一生产力，人才是核心竞争力

要想品牌站得住，首先得有好技术。在初创期，腾龙健康面对中国急缺技术的情况，是如何在行业上取得突破呢？腾龙健康给出了答案：师夷长技以发展。国外有好的技术，我们就应该去学习。学习技术最好的办法，就是把人才

引过来。说干就干，2002年，在尚未获得订单和利润的情况下，腾龙健康依旧决定重金聘请两位加拿大籍专家来到公司工作。2004年，因业务需求，腾龙健康又聘请了一位美国籍专家，从研发及销售方面对腾龙健康进行整体的指导。当时这些人才的月薪水平是全公司也是全行业最高的，高达当时腾龙健康高管层薪资的18倍之多，远超创始人的薪资。2007年后，为了增强软件设计、文献搜集以及海外专利申请等工作效率，腾龙健康又重金聘请了两位印度籍工程师。人才的输入对腾龙健康开拓市场起到了巨大的作用，也为后来腾龙健康在丰富产品型号和种类的自主研发道路上稳健前行打下了扎实的基本功。

腾龙健康坚定着自己的人才观——企业的实力，归根结底是人才的力量。在品质监管方面，腾龙健康专门聘请了外籍品质控制管理人员及国外客户联络技术总监为公司服务，建立起一套行之有效、中西结合的现代企业管理体系。在技术投入方面，为了加大研发力量，腾龙健康在3D打印机刚刚进入商业市场之时，就斥巨资买了一台国外先进的3D打印机。腾龙健康不断引进技术人才、设备，使企业保持活力，创新氛围浓厚，腾龙健康人的新的探索领域充满了向往和激情。

对腾龙健康来说，2005年是非常难忘的一年，这一年腾龙健康自主创新研发的成果“非轴承钢针旋转喷嘴”成功在北美、澳洲，以及中国申请了专利，这是腾龙健康在技术上的一次突破。旋转按摩喷嘴是按摩浴缸的核心部件，是产生水力按摩的关键。当初市场上的旋转喷嘴均使用轴承钢针结构，主要通过水泵产生的冲击力带动轴承旋转实现。但按摩浴缸属于户外休闲产品，使用环境极其复杂，长期浸泡在水中，水中的一些杂质、毛发经常会阻塞轴承，导致喷嘴不再旋转。这问题是行业内第一大产品遭投诉的源头。因此腾龙健康有针对性地开发了“非轴承钢针旋转喷嘴”结构，彻底解决了轴承阻塞的问题。

“非轴承钢针旋转喷嘴”的成功研发是腾龙健康在市场上迈出了决定性的一步。随后腾龙健康乘胜追击，又在此基础上再下一城，获得“螺纹结构”喷嘴专利，解决了另一个困扰行业已久的结构问题。凭借这两项技术和稳定的产品品质。腾龙健康的品牌在市场上赢得了口碑，公司也进入了全新发展阶段，成为世界三大按摩配件商之一。

研发的路上不仅需要耐得住寂寞，更充满了各种挑战。在腾龙健康如火如荼地搞创新研发的过程中，曾一度被美国的竞争对手抄袭。面对不公平，腾龙健康坚决采取反击，起诉对方侵权。最终腾龙健康胜诉，双方达成赔偿和解，这一“坚决维护劳动成果”的举动更让腾龙健康赢得了市场的尊重。

在LED照明和装饰领域，腾龙健康相对于整个市场来说是起步较早，技术沉淀充足，市场定位明确。早在2002年，腾龙健康就成立LED照明事业部，是全球首个将LED灯引入按摩浴缸市场的企业。到目前为止，腾龙健康已经成为该行业最大的LED产品供应商。其中腾龙健康推出的两线浴缸灯系统以及前插迷你灯系统完全颠覆了行业传统产品的概念，该产品也让腾龙健康成为行业的领导者。与此同时，腾龙健康在LED照明装饰领域独辟蹊径，走出了一条柔性定制化生产的新道路。发挥自己拥有模具、注塑和LED一条龙服务的生产优势，积极与国内外优秀设计师进行合作，在全球范围内提供LED照明工程定制化生产服务。这些产品被广泛应用于欧美各时尚照明领域，如2015年奥斯卡庆功宴、2015年新西兰惠灵顿隧道改造项目、阿姆斯特丹史基浦机场、2016年悉尼灯光节、上海迪士尼乐园等。截至2020年底，腾龙健康已拥有133项自主研发的有效授权专利，其中发明专利20项（国内9项，国外11项）、实用新型专利46项、外观专利67项。另有PCT国际专利5项。

迁往广州开发区，乘东风再出发

2005年开始，公司进入高速发展期，眼看着订单的不断增加，腾龙健康开始寻找合适的地方，考虑扩大公司规模。也就是这个时候，腾龙健康受到了广州开发区的盛情邀请。2006年，腾龙健康决定将大本营全部迁入广州开发区。在迁入过程中，区企业建设局给予了腾龙健康大力的帮助和支持，包括为其提供优惠的地价等实质性帮扶政策。2006年12月，腾龙健康在该区注册成立。2007年，腾龙健康的新厂房动工建设。2008年，新厂房竣工。2010年10月，腾

龙健康陆续迁厂，并于当年就投入生产运营。

迁到广州开发区后，腾龙健康得到科技、工信、知识产权、商务、发改、人社等部门的大力支持和帮助。在良好的营商环境中，腾龙健康迎来了更多的发展机遇。

美国是按摩浴缸最大的消费市场，同时也是按摩浴缸最大的组装基地。按摩浴缸行业在美国已经有几十年的历史，大型知名的生产企业都集中在美国和加拿大。此外，腾龙健康最大的两个竞争对手均是美国企业。为了能够在同一个平台直面竞争，缩小差异，也为了能够更好地服务好按摩浴缸组装厂客户，2008 年，腾龙健康决定在该行业的主流市场设立分公司——在美国建立自己的仓储和销售中心。这次布局对腾龙健康有着至关重要的意义。腾龙健康在短时间内就大大缩小了与竞争对手的差异。之后，随着腾龙健康供应配给的本土化，越来越多的客户开始寻求与其合作。高速发展的同时，腾龙健康的定价策略是绝对不做廉价的商品，并且保证大部分的利润来维持一个良性的研发投入，时刻保持自主产品的竞争力。腾龙健康凭借着过硬的产品质量和研发成果逐渐走向国际舞台。即便在产品售价高出美国本土竞争对手 5% 到 10% 的情况下，腾龙健康占有的市场份额依然在不断扩大。

在不断学习外国先进技术和广纳人才的同时，国内的各行各业也在快速地发展着。深处改革开放前沿地带，敏锐的彭学文开始意识到中国制造的优势不再是廉价的劳动力成本。腾龙健康要依靠中国强大的产业配套能力，整合国内的产业资源和技术优势，在行业中成为创新、活力甚至先锋的代表。2009年，腾龙健康正式与华南理工大学合作，建立水疗产品测试实验室。与华南理工大学合作是腾龙健康在整合国内产业资源和技术优势策略上迈出的第一步。华南理工大学的团队在流体力学方面的研究，为腾龙健康相关产品的研发设计提供了大量的基础数据，并且直接帮助腾龙健康确定了下一阶段产品的战略发展目标。

彭学文坦言，在没受到邀请前，广州开发区就一直是腾龙健康考虑的地

方之一。广州开发区地处中国最富庶、经济最活跃、购买力最强的珠江三角洲中心地带，毗邻港澳，背靠国内市场，面向世界，依托中国华南地区经济、文化、交通、信息、金融中心——广州市，形成了自身独特的综合优势。黄埔区、广州开发区主动且充满关怀的邀请更是给腾龙健康增加了不少信心，彭学文表示他非常看好广州开发区的产业政策，更希望腾龙健康能够乘着这股东风，更快更稳地发展。

为了能够与政府各部门更加有效地交流与对接，腾龙健康于2012年特地成立了高新项目部，积极了解区内政策，并通过政府网站、相关部门的定期培训，以及相关部门QQ、微信群，充分了解区内科技、金融、人力、商务、知识产权、技术改造与创新等方面的政策和申报指南。在广州开发区各部门的指导下，腾龙健康的多个优质项目获得申报通过，并获得了相应的政府补贴，这为腾龙健康研发创新产品提供了强有力的保障。广州开发区给腾龙健康提供了茁壮成长的空间，腾龙健康亦不忘初心，秉承诚信经营的原则，重合同、守信用。2012年，广州开发区人力资源和社会保障局授予其“劳动保障A级诚信企业”称号。

腾龙健康的初心一直没变过——在细分行业内做大做强我们的民族自主品牌。2018年，基于长期的战略发展规划的考虑，腾龙健康正式启动IPO项目。该项目一方面可以为腾龙健康的业务继续向全球扩展提供资金支持，另一方面可以为公司技术和产品的不断加强和优化提供持续的动力。在这个过程中，腾龙健康完成了由外资企业向内资企业的转化。彭学文介绍到，改变公司性质是发展的需要更是发展的方向。根据境内IPO上市主体的相关要求，公司性质必须为内资。腾龙健康的生产实体落户在广州开发区内，能在国家政策的大框架支持下更好地参与国际竞争。自2018年启动该项目以来，腾龙健康先后获得了广州开发区投资促进局、市场监管局、金融局等各部门的帮助。

启动之初，区投资促进局便积极协调了区内各部门，加速审批股权回归工作，这对腾龙健康股权的顺利回归起到了很大的推动作用。

2018年12月至2019年1月，在区市场监管局的大力支持下，腾龙健康先后完成了公司股份制改革和员工持股平台的搭建工作。

2019 年 3 月，在区经济和信息化局、教育局的帮助下，腾龙健康解决了部分职工子女上学问题，大大提升了企业吸引人才的实力。

2019 年至 2020 年，区金融局大力支持腾龙健康的上市工作，积极协调与金融相关的优质资源推进腾龙健康的上市进程，邀请腾龙健康 IPO 相关人员参加各种上市培训和相关路演活动，并于 2020 年初审批拨付了关于拟上市企业第一阶段的政策奖励。

2019 年，腾龙健康还通过了广州开发区瞪羚企业认定。作为腾龙健康的创始人，彭学文表示能够成为广州开发区瞪羚企业，对于腾龙健康来说是巨大的荣誉和认可。“腾龙健康一直相信自己现在所做的、所忧的、所准备的，一定是能够在将来体现出价值。特别感激政府看到并且认可我们的努力，同时还给了我们巨大的支持。我们作为黄埔区的企业，要有使命感，不能够满足现状，要像瞪羚一样时刻保持着警惕和危机感，也要像瞪羚一样快速地奔跑、跳跃！”

彭学文表示，腾龙健康接下来依然会在产品研发上下大力气，加大投入，不断创新，持续维护优化品牌价值。同时，腾龙健康也将不断升级自己的制造工艺。“我们坚信‘中小企业能办大事情’。创新和智能制造是我们企业接下来几年必须要实现的发展目标。”

文 / 周莹

获得的荣誉

- 广东省专精特新中小企业（2020）
- 广州开发区知识产权示范企业（2020）
- 高新技术企业称号（2019、2016、2013）
- 通过GB/T29490-2013知识产权管理体系认证（2019）
- 第18批广东省企业技术中心（2019）
- 广州市清洁生产企业（2019）
- 广州开发区瞪羚企业（2019）
- 广东省“守合同重信用”企业（2013—2019）
- 广州市级企业技术中心（2018）
- 通过ISO 14001:2015环境管理体系认证（2017）
- 广州开发区知识产权优势企业（2017—2020）
- 通过ISO 9001:2015国际质量管理体系认证（2016）
- 广东省智能水疗器械工程技术研究中心立项（2015）
- 广州市科技小巨人企业（2014）
- 广州开发区劳动保障A级诚信企业（2012）
- 通过ISO 9001:2008国际质量管理体系认证（2011）

乐六平

『黄埔有故事』讲述人

广东乐源数字技术有限公司董事长

- 广东省钟表行业协会第九届理事会常务理事
- 广东省钟表行业协会第九届理事会副会长

- *“英特尔投资中国智能设备创新基金”首批投资的 5 家企业之一*
- *全球首创技术“穿孔触摸彩屏 + 超长待机 100 天 + 实体指针 + 智能功能”*
- *推出“全球功耗最低智能手表机芯”，推动传统手表产业实现转型*

乐源数字

服务全球企业的智能可穿戴整体解决方案提供商

广东乐源数字技术有限公司成立于 2011 年 5 月，是一家专注于提供智能手表、机芯、移动医疗健康的生态链建设的创新型科技企业。其通过与国内以及硅谷等地世界级技术公司的合作，已自主开发了一套完整的芯片组和操作系统 LeOS。LeOS 完全秉承绿色设计理念，高度实现软件的模块化及跨平台性，提供通用机制，使产品拥有更高的稳定性、易用性及扩展性。相对于市场上其他的嵌入式系统，LeOS 更适用于智能可穿戴设备。这是一家拥有着全球首创机芯技术并掌握了撬动全球钟表业十亿元大市场的科技原动力的广州本土民营企业。

创始人乐六平已经在手表和智能硬件行业浸润多年。早在 2004 年，乐六平就在深圳华强北与志同道合的伙伴们一起共谋手表事业。这段经历算得上是乐源数字的前世，乐六平也称得上是中国智能穿戴产业的先行者。短短几年间，乐六平和伙伴们先后开发出了手表手机、蓝牙手镯等极具创意的新型产品。这不仅吸引了资本助力，也打开了市场。

秉承“让传统手表产业插上科技创新的翅膀”的企业战略方向，乐源数字当前已获得专利共327件，其“穿孔触摸彩屏＋超长待机100天＋实体指针＋智能功能”技术为全球首创，覆盖NFC（近场通信）、GPS（全球定位系统）、智能心率监测、全球自动对时及第二时区，以及50米防水功能。乐源数字的自主机芯拥有不可替代的核心竞争力，与国际手表品牌天美时、脉珂等紧密合作，目前客户遍布五大洲100多个国家和地区。乐源数字于2017年实现收入约5.8亿元，同比增长48%，缴纳各项税费约3800万元。

以一块电子表为起点，创立全球智能钟表产业新格局

乐六平于1994年6月毕业于中南工业大学技术经济专业，同年他进入了一家台资手表工厂。乐六平工作勤奋认真，从最基层的生产管理员做到生产主管，再被提拔为厂长，他只用了短短两年时间。

在乐六平的悉心管理下，工厂的运作井然有序，步入有条不紊的佳境。就这样，厂长的工作乐六平一干就是六年。乐六平逐渐意识到自己遇到了瓶颈，2004年他毅然离职，开始创业。

“最初的几年对我影响挺大的，我发现自己挺喜欢手表这一行。”忆起过往在台资手表工厂的工作经历，乐六平说，这不仅奠定了他创业的方向，也为他积蓄了创业之初最原始的动力和信心。在迅速成立了14个人的团队后，乐六

平正式开始了自己的创业之旅。

2004年时，手表几乎是人们日常必备的物件。乐六平和团队研究了市场，决定从电子表生产开始做起。后来，这种电子表被可口可乐和雀巢等公司选中用作促销礼品。几番合作下来，乐六平发现市场反馈相当不错。于是，乐六平准确地预判市场，推出了USB手表、MP3手表、MP4手表、蓝牙手表等一系列手表。顾名思义，这些手表分别具备USB、MP3、MP4和蓝牙的功能。如此别具一格的创新功能，在当时的市场引起轰动，备受热捧，不俗的产品销量打开了市场的大门。

2005年，乐源数字接到创建以来最大的智能手表订单。按照市场合同要求，德国客户仅需要先支付30%的定金。然而，此时乐源数字内部由于经营资金紧缺，这笔订单所需要的原料未能及时采购到位，这将导致订单无法如期交付。乐六平和团队沟通之后决定向客户坦白实情。德国客户在得知情况之后，特意派代表漂洋过海飞至乐源数字实地考察观摩。在全面了解了乐源数字核心技术之后，德国客户决定打破常规支付该订单的全部金额以支持乐源数字正常运作。随后，货款快速到位，乐六平组织生产团队夜以继日保质保量并提前交付订单。德国客户的信任和帮助让乐源数字顺利渡过难关，也让乐六平从内心更加坚定了创业信念。无论顺境还是逆境，他始终铭记这位德国客户对乐源数字的信任并以此激励自己乐观前行。现在这位德国客户已经是与乐源数字合作十多年的优质客户，而像这样的客户占据了乐源数字客户群的大部分。

“手表和人接触的时间很长，贴近皮肤，它应该是可以承担更多的功能，所以我自己创业之后就开始尝试往多功能手表发展，后来叫智能手表。”乐六平从创业开始就一直在密切关注和探索手表行业的发展趋势和创新突破。从这个时候开始，他开创的产品形成了智能穿戴设备的雏形。智能手表泛指具有信息处理能力、符合手表基本技术要求的手表。智能手表除指示时间之外，还应具有提醒、导航、校准、监测、交互等其中一种或者多种功能；显示方式包括指针、数字、图像等。随着苹果、三星、谷歌、华为等主流科技公司进入智能手表领域，智能手表的发展日新月异，除了定位、打电话、运行程序之外，还兼有心率监测、睡眠监测等身体健康辅助功能，也正式进入人们的生活。

乐六平发现，欧美经济发达国家将传统手表与现代科技融合，赋予了手表这一传统物件革命性的功能和体验，新一代手表开始在欧美专业运动员和极客圈中广泛流行，这股风潮进而蔓延至热爱健身锻炼的西方民众中。就这样，这一类主打运动健康概念的新一代手表迅速在市场推广并普及开来。

顺应市场趋势和这种新型概念，乐六平为公司梳理并定位了两个重要的业务战略方向：运动健康和时尚数码——这两个领域也是现在乐源数字三大核心业务中的两个灵魂板块。随后乐源数字推出的全球首款安卓智能手表手机、全球首创红外蓝牙心率手表、全球第一款带通话功能的蓝牙手镯，就是这两大业务线中的佼佼者。

在创业的过程中，乐六平常常运用自己的创新思维，在行业发展、判断商业大势和生意合作中，拓展先发的优势，把握先发的时机，并把先发优势转化为先发成果。2010 年，以 IT 解决方案与服务龙头企业为主营业务的东软集团，在为多个医院建设和运营 ERP 系统中，看到健康管理是大势所趋。东软集团在全国范围内寻找了十几家智能手表制造商，最终选择了乐六平的公司作为合作伙伴，并与其成立了合资公司。

“健康管理需要采集人的运动数据、生理指标，要传到云端，那时候提出了一个‘健康云’的概念。这一块就离不开我们的智能手表、智能穿戴。”机会总是留给有准备的人和团队。显而易见，乐六平前瞻的市场洞察和提前在智能可穿戴制造领域多年储备的综合技术实力赢得了东软集团的信任和合作。

2012 年 9 月，乐六平的公司跟随东软集团从深圳搬迁至广州开发区。

随后，在被称为“智能穿戴元年”的 2013 年，乐六平从东软集团回购股份，开始以“广东乐源数字技术有限公司”为名独立运作。和东软集团的短暂合作，促使乐六平把智能养老纳入公司的业务组合，在智能穿戴行业率先推出智能养老整体解决方案。

2014 年，乐源数字获得芯片巨头英特尔的投资。能得到英特尔的青睐，主要是乐源数字自主研发的智能手表和机芯引起了全世界的极大关注。在世界钟

表市场，中高端石英机芯长期为瑞士和日本的钟表公司垄断，而乐源数字的产品混合了机械指针、智能系统的机芯，不仅为传统手表转型升级智能手表提供了最经济实惠的解决方案，也促使全球钟表市场格局发生巨变。从一块电子手表出发，到改变世界范围内产业大格局，乐源数字在开启智能钟表产业历史上留下了浓墨重彩的一笔。

坚持自主创新，首创机芯技术占领行业 C 位

多年来，乐源数字一直专注于提供智能手表成表及云端大数据解决方案，在发展过程中，乐六平发现智能手表市场蕴藏着巨大潜力。他介绍道，传统手表市场是几百年的成熟市场，有数十亿的用户和强大的时尚产业支撑。传统时尚手表不管在销售数量还是在销售额方面远大于目前的智能可穿戴手表。2018年，苹果、三星、华为生产的智能手表有几千万只，这个数字在当时的几家大石英表、电子表厂商每年的销量面前还不值一提，但已经给传统手表生产商构成了巨大的转型升级压力。同时，智能手表解决方案都是基于全新设计模具和生产线，和现有的传统生产线并不匹配。“如果，有一家厂商能提供在现有生产线基础上直接更换核心部件的智能升级方案，简单来说，就是能让这些厂商以跟传统中低端手表差不多的价钱推出智能手表，那无疑将受到这些大厂商的欢

迎。”浸润钟表行业二十多年，乐六平敏锐洞察到这一巨大的商机，于是，他和团队迅速反应抓住了这个契机，瞄准传统手表市场研发核心部件智能技术，为他们提供迅速转型的翅膀。

“传统手表不是简单的电子产品，而是时尚单品、潮流典范，是身份的象征，它的价值深入人心。智能时代的到来，人们的需求开始多元化，审美、健身可穿戴功能需求旺盛。尤其是苹果智能手表的诞生，更加快了国际手表大品牌智能升级。”乐六平相信智能手表将迎来新的市场爆发。

他带领乐源数字研发团队夜以继日投入到智能手表核心技术的研究中。很快，乐源数字自主研发出核心芯片及智能手表的操作系统，结合自主研发的超小型马达，推出了一款“全球功耗最低智能手表机芯”，这项技术正击中传统手表转型的核心痛点，一推出就备受市场欢迎。凭借此项技术，乐源数字在智能手表技术领域占据了重要的一席之地。“我们希望在技术自主创新上继续努力，成为行业的领导者。我们自己不做品牌，主要做 ODM（原始设计制造商），做解决方案。”乐六平说，乐源数字将百分百的精力用来为客户赋能，不仅仅是在软硬件方面，还有整个行业升级解决办法。据乐六平介绍，每年采用乐源数字机芯的智能手表销量在 2019 年已经突破 500 万只，目标是五年内达到 3~5 亿只。

面对可观的新型市场需求，乐源数字有自己的高要求和标准，现有的智能手表解决方案，显然有些力不从心。“我们也做过市场调研，客观来说，现有的不管是苹果还是安卓智能手表的解决方案，在功耗、成本上都不能达到我们的要求。如果不改变传统厂商的生产线，就必须维持传统手表现有的靠纽扣电池驱动的设计，所以我们只能自行研发。”在研发过程中乐六平发现，芯片、操作系统等一系列核心技术，都得靠自己开发，软硬件结合才能够真正实现预期的目标。传统机芯有齿轮箱技术，但是精度不够，还不如自主打造，就这样乐源数字投入了全部核心软硬件技术的自主研发。整个历程已累积了几百项技术转型，乐源数字逐步形成了自己的核心竞争力。“我们相信，这也将帮助整个中国传统手表产业提升竞争力。”乐六平说，手表行业是他安身立命的事业，也是他多年的热爱，他希望透过乐源数字为整个行业做一些切实的贡献。

说到未来十年，乐六平说乐源数字会一如既往以技术创新推动整个传统手表产业的智能升级，打造智能手表产业互联网，为金融支付、社交娱乐、健康管理等更多产业赋能。乐源数字将一如既往坚守创新精神的初心，持续打造自主创新的安全产品和集合软硬件一体化、赋能大数据、智能终端功能的创新产品，助力可穿戴产业发展新高地。

“我们对未来一直充满信心，国家层面有总书记对我们的成果表示了充分的肯定，这对乐源数字坚持创新是莫大的鼓励；另一方面，黄埔区给予我们很多支持，公司短短几年就从孵化器到加速器，这离不开黄埔区创造的良好的营商环境。”

回首过往，广州开发区起步至今，经过36年的流金岁月，已然成功跻身世界一流科技园区。因改革而生、伴开放而长、靠创新而强的广州开发区，以杀出一条血路的魄力，敢为人先、务实进取，逢山开路、遇水架桥，用好改革开放关键一招，啃下改革“硬骨头”，当好开放“先行者”，敢饮创新“头啖汤”，创造无愧于时代、无愧于人民、无愧于历史的辉煌。随着“一带一路”倡议的深入推进，广州以傲人的实力描绘着改革开放在新时代的崭新蓝图；随着《粤港澳大湾区发展规划纲要》正式发布，世界级城市群的光辉旗帜迎风飘扬，作为广州乃至广东发展实体经济和科技创新主战场，黄埔区的地位举足轻重，一个又一个不凡的数据和传奇企业故事缔造着属于自己的光辉奇迹。

从发展之初至今，随着业务版图及经营主体的不断扩大，乐源数字急需扩充厂房面积及招纳高新技术人才。黄埔区政府吸引国际众多知名公司入驻，以工业及高新技术产品为主导，谋划第二产业、第三产业均匀分布，推行人才引进政策，为乐源数字人才贮备及培养提供先机。黄埔区政府还逐步打造“政策引领扶持 — 间接融资保障 — 直接融资支撑 — 服务平台对接”综合金融服务体系，同时推动“广州科技金融路演中心”“广州新三板企业路演中心”“广州高新区科技金融路演中心”落户，常态化地开展企业投融资路演，组织区内孵化园区推荐优质上市“苗子企业”，开拓上市孵化服务，加强“明星企业”“苗

子企业”的上市对接和动员。此外，还鼓励企业尽早参加证券市场知识培训，早早地把“上市梦”种到企业心中，为乐源数字上市提供便利。

回忆起当时见到习近平总书记的情形，乐六平难掩激动。他表示，总书记激励中小企业发展的话语，为乐源数字未来的发展注入强大的信心和力量。正如总书记的指示，企业要聚焦，乐六平强调乐源数字会一直专注于智能手表机芯以及整体的解决方案。虽然从体量上看，乐源数字目前还是一家中小企业，但技术实力过硬，拥有全球独有的技术——功耗最低的智能手表机芯，足以让乐源数字稳居行业技术核心地位。

大数据赋能，打造智能养老整体解决方案

目前，国内许多智能穿戴厂商都把运动健身领域的智能手表手环产品，作为资源投入的主战场。但是在乐六平看来，与欧美发达国家相比，国内的运动健身市场对智能穿戴的需求，还有巨大的上升空间。

乐源数字的运动健康业务，是给发达国家的品牌商代工，以满足发达国家庞大的运动健身市场需求。这块业务的收入，加上英特尔等行业大鳄的投资，为乐源数字因应国内养老市场刚需而切入智能养老业务，提供了资金支持。

据统计，截至 2020 年底，中国 60 岁以上老年人口达 2.55 亿，占总人口的

15.5%，这个比例预计到2024年将达到20.3%，中国将会有越来越多的老人。早在2010年就已经出现了过万亿元的养老服务需求，今天乃至未来的市场空间将会更加广阔。在乐六平看来，智能养老是真正的市场刚需。

从2010年开始，乐六平就切入智能养老的业务领域。如今，乐源数字贴近老人的特殊需求，推出让老人感到贴心的产品。“要想消费者对智能穿戴产品真正不离身，用户的黏性这一块要下功夫。”乐六平说。

乐源数字推出的智能鞋垫，具有预防医学的功能，能提前预知穿戴者身体发生的变化，并起到保健的作用。乐六平说：“老年人的血液循环和新陈代谢比较僵化，到了冬天他会感觉很寒冷。我们的鞋垫具有红外加热功能，用柔性电池，它甚至可以做一个保健的作用。我们让它微微地加热，一直保持在37℃，这样他的血液循环一直保持流畅，对他的很多小毛病起到保健康复的作用。”

中国2020年得阿尔茨海默病的人数超过1000万，全球有5000万。乐源数字推出的智能腰带，可说是他们的福音。

“如果是腕表他会忘记，你给他手机他也会忘记，但我们的腰带他不会忘记，他只要穿衣服就不会忘记系腰带。所以还是从用户的行为习惯上去下功夫，你要让他能够没有额外的负担感。针对这一类人群，如果我们的智能穿戴产品能够像传统的穿戴品一样，做到让消费者自然而然接受并成为习惯，那一切就解决了。”乐六平说。

按照预期的设想，乐源数字的智能养老整体解决方案是这样运作的：通过乐源数字的智能腕表、腰带、鞋垫等产品，把老龄人的生理参数上传到“乐康云大数据健康平台”，该平台在背后分析这些数据，指引乐源数字给这些老龄人提供增值服务。

“这种云端的智能养老服务新模式，让那些无法留在老人身边的儿女，可以实时关注到老年人的安全、健康，同时与老年人进行情感方面的交流和沟通。”乐六平说，“大数据一定要有有效的数据，智能穿戴产品是采集有效数据最好的设备、装备和工具，在这一块我们乐源数字领先了一大步。”

在百舸争流的智能穿戴行业大潮中，即使是先驱者，也要不断超越自我，才能保持领先的势头。“乐源数字要打通从养老到健康的互联通道，建立以云服务、大数据为核心的智能养老健康平台，并以此平台吸引更多的技术和产品方加盟，真正推动智能养老产业成为中国养老事业的中坚力量，也真正让老人们能够体会到安心无忧的养老服务。”

2015 年新华社主办的“中国智能养老产业创新高峰论坛”上，乐源数字发布了“乐康云大数据健康平台”，并展出了智能腰带、智能心率运动腕带、智能鞋垫、智能监护手表、智能浴室防滑垫、智能床垫等可穿戴设备及智能硬件。这几年，乐源数字从未停止这方面的探索和技术精进。

“智能穿戴应该是从头到脚整个都涵盖的，都可以把它智能化。”乐六平进一步解释，智能穿戴设备和云平台，加上嵌入其中的软件，以及增值服务，构成了乐源数字的智能养老整体解决方案，用于解决老年人的养老、健康、安全、情感等方面的问题。

事实上，乐源数字不仅是中国智能穿戴行业的先驱者之一，也是率先进军智能养老这一领域的领航者。在它身上有若干个“全球第一”的光环：全球首款安卓智能手表手机、全球首创红外蓝牙心率手表、全球首创运动管理云服务、全球第一款带通话功能的蓝牙手镯。

长久以来，由于科研投入占比较高，乐源数字因此面临不小的生产经营压力。但即使如此，在乐六平看来，创新仍然是中小企业必须坚持的道路。“现在想要让企业快速发展，只有坚持创新，自主研发新技术。”创业公司的发展之路向来不易，但安家在黄埔区这样的创业环境里，乐六平有了安心的底气——融资问题得到了政府的大力扶持，核心研发团队在稳步壮大，产品核心技术具备世界竞争实力。

“莫听穿林打叶声，何妨吟啸且徐行。”无论是面对 2020 年的疫情突袭，还是未来模糊的不确定，乐六平始终坚定，坚持自主创新聚焦目标，一切终将抵达光明。

文 / 王彩

获得的荣誉

- 国家高新区瞪羚企业（2018）
- 广州市黄埔区、广州开发区知识产权示范企业（2018年至今）
- 广州开发区瞪羚企业（2017）
- 广东省高新技术企业（2016）
- 中国可穿戴计算产业技术创新战略联盟副理事长单位（2016—2017）
- 广东省物联网产业联盟理事单位（2015—2016）
- 广东省钟表行业协会突出贡献企业（2015）
- 广东省智能可穿戴终端设备工程技术研究中心（2015）
- 广东省守合同重信用企业（2014—2015）
- 中国创造力隐形冠军（2014）
- 广州开发区知识产权示范企业（2014）
- 广州开发区劳动保障A级诚信企业（2013）